JÜRGEN WIEBICKE

ERSTE HILFE FÜR DEMOKRATIE-RETTER

W0330920

KIEPENHEUER & WITSCH

FSC www.fsc.org
MIX
Papier | Fördert gute Waldnutzung
FSC® C014496

1. Auflage 2024

© 2024, Verlag Kiepenheuer & Witsch, Köln
Alle Rechte vorbehalten
Die Nutzung unserer Werke für Text- und Data-Mining im Sinne von § 44b UrhG behalten wir uns explizit vor.
Covergestaltung Jana Meyer-Roberts
Gesetzt aus der Minion Pro
Satz Buch-Werkstatt GmbH, Bad Aibling
Druck und Bindung GGP Media GmbH, Pößneck
ISBN 978-3-462-00769-5

Den Aktiven in Wombach, Nordhausen,
im HöVi-Land und an vielen ungenannten
»guten Orten« gewidmet, die anderen ein Beispiel
dafür geben, dass Demokratie eine Lebensform
der Freude und Fülle sein kann.

»Kommunikation kann schiefgehen.
Nicht-Kommunikation wird schiefgehen.«

Frank Richter

Was auf dem Spiel steht

Woran drohen freiheitliche Gesellschaften zu scheitern? Ungeschminkt formuliert: an Faulheit und Feigheit. Beides ist momentan im Übermaß vorhanden, sodass ein für lange Zeit undenkbar gehaltenes Scheitern tatsächlich und unübersehbar als Zeichen an der Wand steht. Aber ein Zeichen ist zum Glück noch lange keine Realität. Es fordert vielmehr zum Hinsehen und Handeln auf, erst recht in dem Jahr, in dem vielerorts feierliche Reden anlässlich des 300. Geburtstags des Aufklärers Immanuel Kant gehalten werden, der bereits im Jahr 1784 die Neigung zu Faulheit und Feigheit als Quellen benannte, warum Menschen sich mitunter gern für die bequeme und selbst verschuldete Unmündigkeit entscheiden. Sie sehnen das Autoritäre herbei, das doch längst überwunden schien. Sie wünschen sich die starke Schulter zum Anlehnen. Sie lassen andere für sich denken und geben den eigenen Verstand an der Garderobe ab. Sie träumen sich zurück in eine Welt von gestern, die so, wie sie sich im Traum darstellt, nie existiert hat. Sie wechseln vom totalen Misstrauen in die Institutionen der Gesellschaft plötzlich in die Leichtgläubigkeit und laufen schlimmstenfalls den Rattenfängern hinterher. Das ist der Charme der einfachen Lösung, die populistische Versuchung: Mit einem Mal wird das eigene Leben wieder übersichtlicher. Genau genommen ist das AfD-Wählen eine Form des Selbstbetrugs.

Ein Scheitern der Demokratie droht zudem ausgerechnet in dem Jahr, in dem es den 75. Geburtstag eines unverhofften Geschenks zu feiern galt, mit dem sich die Gesellschaft der Bundesrepublik im Jahr 1949 selbst beschert hat: das Grundgesetz. Seitdem mit seiner Hilfe die Spielregeln für eine offene Gesellschaft fixiert wurden, hat die westdeutsche Gesellschaft mit übergroßer Mehrheit in der Erwartung gelebt, dass nun das Haus der Demokratie fertig gebaut sei und auch ewig halten werde, allenfalls ab und zu in Form von Regierungswechseln innen neu tapeziert werden muss. Als ob das gute Ende der Geschichte bereits erreicht sei und die Schrecken der Vergangenheit endgültig Historie wären. Und nun sind die Gespenster wieder da und wirken so bedrohlich wie lange nicht. Die ostdeutsche Gesellschaft wiederum dürfte zu DDR-Zeiten lange Zeit mehrheitlich davon geträumt haben, eines Tages ebenfalls ein Leben mit solchen Freiheitsrechten führen zu können, und nun liegt es zu einem guten Teil in ihrer Hand, mit einer Richtungsentscheidung ein Zeichen dafür zu setzen, wohin sich das Land politisch entwickeln wird. Wann gab es je so viel Nervosität vor anstehenden Wahlen, so viel Instabilität mit Blick auf Parteienbindungen? So viel Unwille auch, über Parteigrenzen hinweg nach guten Konsensen zu suchen? Möglichst viel für unverhandelbar zu erklären, am liebsten mit niemandem mehr koalieren zu müssen, wer diese Sehnsucht artikuliert, ist selbst Teil des Problems. Denn es reicht nicht, wenn Parteien, die fest auf dem Boden des Grundgesetzes stehen, zusammengerechnet weiterhin eine Mehrheit haben. Sie müssen mit dieser Mehrheit auch etwas anfangen wollen. Was nun aber droht, sind Mehrheitsverhältnisse, die von den politischen Akteuren und auch vom Wahlvolk nur noch als Zwangsgemeinschaften empfunden werden, die lediglich verwalten, aber nicht mehr gestalten, geschweige denn inspirieren können. Das aber würde die Krise der Demokratie noch einmal drastisch verschärfen. Jedenfalls lässt sich nicht länger ignorieren, dass dieses gemeinsame Haus gewaltig wackelt. So wie alle Häuser in den westlichen Demokratien gerade wackeln. Warum diese Gleichzeitigkeit? Sind es Ermüdungsbrüche, die zum Einsturz führen können? Ist das Modell Demokratie, zu dem sehr oft das mühsame, zeitraubende Aushandeln gehört und die Fähigkeit zum Kompromiss, einfach zu anstrengend und überfordernd, sodass es attraktiv erscheint, sich wieder wie ein Kind in die Scheinsicherheit einer starken Hand zu begeben? Die Trumps dieser Welt führen ihre wählenden Schäfchen aus der Verunsicherung in die große Regression. Ihr Versprechen besteht darin, dass es ein Zurück in die kindliche Trotzphase geben kann, in der sich alles um das eigene Ich dreht, in der man sich besonders stark selbst spürt, wenn man auf den Boden stampft und sich die Ohren zuhält, wenn man auf andere wütend ist und nur die eigenen Bedürfnisse zählen. Wirklich erstaunlich, wer alles ein Recht auf Wut für sich reklamiert und mit gleichgesinnten Zornigen loszieht, damit alle anderen davon erfahren. Auf diese Weise schafft man sich selbst eine infantile Welt, die so gestaltet ist, dass sie immer den eigenen Bedürfnissen entspricht.

Was droht, wenn die großen Vereinfacher obsiegen, wäre nicht weniger als eine Menschheits-Blamage, denn seit zweieinhalbtausend Jahren ringen die klügsten Köpfe darum, wie eine Gesellschaft der Freien mit gleichen Rechten für alle aussehen müsste, haben sich soziale Bewegungen in die Kämpfe ihrer Zeit geworfen: für eine künftige Gesellschaft, die den Einzelnen eben nicht wie ein unmündiges Kind betrachtet oder wie einen Sklaven, den man willkürlich hin und her schieben kann, oder, in unsere Gegenwart gewendet, nicht durch die Verbreitung von Fake News und Hassbotschaften nach Belieben manipulieren kann, indem man ihm den Kopf verdreht. Die Demokratie-Idee lebt von der Vorstellung, dass selbstbewusste und übrigens auch gut informierte Subjekte, die sich nicht von anderen vorschreiben lassen wollen, was ein gutes Leben ist, eine Gesellschaftsform finden, in der man sehr verschieden sein darf und trotzdem mit anderen in Frieden leben kann. Idealerweise finden diese vielen Verschiedenen nicht nur einen Weg, wie sie ihren Dissens organisieren, ohne dass es zu Gewalt kommt (was schon viel wäre), sondern entdecken auch einen gemeinsamen Sinn fürs Wir, machen sich also Gedanken darüber, was eine Gesellschaft zusammenhält, wie sie ihre freiheitliche Lebensweise auch über Krisen hinweg für die Zukunft sichert. Wie sie vermeidet, dass scharfe Ungleichheit mit rasch wachsenden Vermögen beim oberen Zehntel, so wie derzeit, das Empfinden für Gerechtigkeit und Fairness verletzt. Denn Verschiedenheit allein, heute gern Diversity genannt, wird nicht reichen. Etwas Verbindendes muss hinzukommen. Eine geteilte Leidenschaft für eine Lebensform, die schön ist und dem Menschen gemäß, weil ihre Wurzel die Freiheit ist und nicht der Zwang, weil sie unserem natürlichen Streben nach Entwicklung und Vervollkommnung am besten entspricht. Menschen führen ein Leben unterhalb ihrer Möglichkeiten, ein Leben in Unreife, wenn sie sich lieber führen lassen. Ein solches Leben wäre ebenfalls eine Blamage. Wer die Freiheit will und die Vielfalt schätzt, beginnt sich Sorgen zu machen, wenn eine Gesellschaft auseinanderdriftet, ihre Mitte zerbröselt, in Arm und Reich oder in politisch-kulturelle Lager zerfällt, die entfernt voneinander wohnen, ihren jeweiligen Lebensstil womöglich wechselseitig verachten, sich nichts mehr zu sagen haben und im Alltag kaum noch begegnen. Ein Prozess, der in den USA weit vorangeschritten ist und das Phänomen Trump erst hervorgebracht hat, der sich inzwischen aber auch bei uns überdeutlich abzeichnet. Man scheint sich vielerorts nur noch wohlzufühlen unter seinesgleichen, in der wärmenden Gemeinschaft der eigenen Blase. Damit ist hier kein digitaler Medienkonsum gemeint, sondern eine alltägliche Erfahrung, mit wem man es überhaupt noch im direkten Kontakt zu tun hat. Besonders, wer AfD oder Grüne wählt, weist laut der jüngsten Zusammenhaltsstudie der Uni Leipzig häufig eine starke Neigung auf, sich in sozial homogenen Bekanntenkreisen zu bewegen und über nur wenige Kontaktpunkte in andere soziale Welten hinein zu verfügen. Was in der Forschung etwas spröde »Netzwerksegregation« genannt wird, bedeutet im Alltag politische und kulturelle Abschottung und führt im Ergebnis zu einer »affektiven Polarisierung«. Man denkt, fühlt und handelt anders, so der Forschungsbericht, als Menschen, die in gemischten Netzwerken unterwegs sind, und entwickelt daher Verständnisbarrieren für Menschen, die ganz anders leben und denken. Zugespitzt formuliert betrachten sich viele AfD- und Grüne-Wähler wechselseitig wie Menschen von unterschiedlichen Planeten. Nie vorher gesehen, nie miteinander gesprochen.

Wir stehen heute auf den Schultern von Riesen. Viele Generationen haben harte Kämpfe geführt und persönliche Opfer gebracht, um die Demokratie nicht nur als Regierungs-, sondern zuallererst als Lebensform gegen bestehende Herrschaftsinteressen durchzusetzen. Die Menschheits-Blamage bestünde folglich darin, durch ein Übermaß an Faulheit und Feigheit dieses unverdiente

Erbe aufs Spiel zu setzen. Unverdient deshalb, weil wir Nachgeborenen heute diese Lebensform der Demokratie immer nur als gegebene Selbstverständlichkeit erlebt haben, für die wir uns nicht anstrengen mussten. Sie ist uns in den Schoß gefallen, jedenfalls im Westen der Republik. Wir waren bislang Glückskinder, die in den historischen Ausnahmezustand einer langen Periode von Frieden, Wohlstand und sozialer Sicherheit hineingeboren wurden und durch Gewöhnung etwas für selbstverständlich gehalten haben, was es gar nicht ist. Denn jede Demokratie benötigt zu jeder Zeit eine kritische Masse von aktiven Demokraten, die im Maschinenraum die Arbeit übernehmen, sonst zerstört sie sich selbst. Sie ist wie ein Fahrrad, das immer weiter getreten werden muss, sonst kippt es um. Nur wenn es an genügend Freunden fehlt, haben die Feinde der Demokratie leichtes Spiel. Damit dürfte klar sein, wer in der Vorhand ist, auch jetzt noch, obwohl es längst die pessimistische Versuchung gibt, die uns einflüstern will, dass das Verhängnis unweigerlich seinen Lauf nehmen werde, weil die Kraft der Zerstörung schon so mächtig geworden sei. Eine Versuchung in Gestalt dieses dunklen und zugleich von Angstlust getriebenen Babylon-Berlin-Gefühls, das momentan so verbreitet ist und von der irrigen Vorstellung lebt, Geschichte würde sich immerzu wiederholen, jedenfalls in ihrer bösen Variante. Nein, der Ausgang ist völlig offen, und zu den großartigsten Eigenschaften dieses Hauses der Demokratie gehört seine grundsätzliche Unfertigkeit und Zukunftsoffenheit. Nie wird es ein für alle Mal zu Ende gebaut sein, immer werden wir weiter experimentieren, wie eine faire Gesellschaft der Verschiedenen aussehen kann, und selbst in Situationen vermeintlicher Ausweglosigkeit können plötzlich neue Anfänge gesetzt werden. Voraussetzung dafür sind allerdings viele einzelne, persönliche Entschlüsse. Jede freiheitliche Gesellschaft benötigt genügend Einzelne, die aus freien Stücken bereit sind, für die Freiheit einzutreten. Denn man kann ja niemanden zwingen, frei zu sein und frei zu handeln, das wäre paradox. Wir können es tun, und wir können es lassen, eigene Entscheidung, eigene Verantwortung. Nur sollte hinterher niemand jammern, man habe die Gefahr nicht kommen sehen. Noch einmal: Unsere jetzige Lebensform hat einen historischen Anlauf von zweieinhalbtausend Jahren erfordert. Dazwischen liegen zahllose blutige Rückschläge. Die Zerstörung dieser Lebensform könnte dagegen in Windeseile gelingen, weil der Abbruch eines Hauses viel schneller geht als das mühsame Errichten. Der äußerste rechte Rand hat zuletzt deutlich an Zustimmung gewonnen, obwohl dessen Protagonisten eine beschleunigte Radikalisierung durchlaufen haben und kaum noch verhohlen das Programm einer millionenfachen Deportation von Menschen verfolgen. Dazu ein Gedankenexperiment, das vielleicht einen produktiven Schrecken einjagen wird: Wenn wir zurückschauen auf die Entwicklungen innerhalb weniger Jahre, und wir würden anschließend den Blick drehen und dieses Tempo gedanklich in die Zukunft fortschreiben (also die zunehmende Radikalisierung der AfD und parallel dazu der voranschreitende Vertrauensverlust in die etablierte Politik), was hätten wir dann wohl in zehn Jahren? Vermutlich faschistische Verhältnisse. Wie gut, dass wir derzeit noch sicher sein können, dass eine übergroße Mehrheit im Land dies nicht will. Vermutlich nicht mal eine Mehrheit derjenigen, die das AfD-Wählen für sich in Betracht ziehen, weshalb ihnen, anders als den Rechtsradikalen aus Überzeugung, der Rückweg unbedingt offen gehalten werden muss. Sie sind offenbar misstrauisch geworden, ob mit dem Regelwerk der Demokratie die derzeitigen Probleme gelöst werden können, und fürchten um ihr gewohntes Leben. Sie erhoffen sich womöglich, in ihrem Missmut nicht länger ignoriert zu werden, wenn sie mit dem Mittel der Protestwahl eine Stinkbombe werfen. Aber ein für alle Mal verloren für die Sache der Demokratie sind sie nicht, sie verloren zu geben, wäre ein schwerer politischer Fehler. Gerade in den ostdeutschen Bundesländern habe ich in kleineren Städten, also dort, wo man sich kennt und häufig begegnet, aus dem Mund von Aktiven aus der Zivilgesellschaft, die leidenschaftlich für die Lebensform Demokratie kämpfen, immer wieder die Mahnung gehört, daran zu denken, dass man keineswegs rechtsextrem sein muss, um diese Partei zu wählen. Wir sind ein Land, das sich dem gefährlichen Vertrauensverlust in die Demokratie dringend stellen muss. Wir sind aber kein Land, in dem es auf einmal ganz viele neu erweckte Nazis gibt. Die Anzahl derjenigen, die ein geschlossen rechtsextremes Weltbild pflegen, ist über Jahrzehnte hinweg einigermaßen stabil geblieben und nicht größer als in anderen europäischen Ländern auch. Diesen Bodensatz der Unerreichbaren gab es immer. Neu ist hingegen, dass es ihnen gelungen ist, die gesellschaftliche Quarantäne zu verlassen. Sie gelten nicht mehr überall und jedem als Schmuddelkinder. Andere, die missmutig sind, nehmen es hin, mit ihnen gesehen zu werden, oder schauen gezielt weg, was noch lange nicht heißt, dass sie inzwischen genauso geworden sind. Auch wenn sie gemeinsame Sache machen, was durchaus verwerflich ist. Diesen Missmutigen muss vor Augen geführt werden, dass ihre neuen rechtsextremen Partner vom kommenden Bürgerkrieg träumen und deshalb gezielt und ziemlich geschickt ihr Handwerk der Zersetzung betreiben. Sie wünschen sich das Chaos, sie fantasieren von kommenden Blutbädern, das haben sie von Trump gelernt. Sie bewirtschaften die Angst und profitieren davon, dass die etablierte Politik derzeit so kraftlos und verunsichert wirkt.

Aber zum Glück gibt es nicht nur die Gefahr, sondern auch das Rettende. Wir haben in diesem Jahr nach den Recherchen zu den Deportationsfantasien, wie sie in rechtsextremen Zirkeln diskutiert werden, erleben dürfen, dass innerhalb weniger Tage eine beeindruckende Bürgerbewegung entstehen kann, die in zahlreichen

Städten durch schiere Masse für den Moment die realen Kräfteverhältnisse wieder zurechtgerückt hat. So schnell kann sich etwas wenden, wenn mutige neue Anfänge gesetzt werden. So viele Menschen haben bekundet, auf welcher Seite sie stehen und was ihnen ihre demokratische Lebensform wert ist. Das hat gewirkt, hoffentlich nicht nur für einen kurzen Moment. Bei denen, die dabei waren, aber gewiss auch bei jenen, denen der massenhafte Protest galt. Jeder und jedem, die ich hinterher traf, stand die Freude über das Erlebte ins Gesicht geschrieben. Glücklich waren sogar diejenigen, die es wegen Überfüllung gar nicht mehr auf den Platz der Kundgebung geschafft hatten. Sie hatten die ansteckende Wirkung von Leidenschaft für die Demokratie gespürt, sich selbst durch die Teilnahme einen Festtag beschert. Unschätzbar diese Erfahrung, eine Gemeinschaft der vielen in Verschiedenheit bilden zu können. Aber solche Festtage sind selten, muss ehrlicherweise hinzugefügt werden, solche Gemeinschaften sehr flüchtig, und nach der Ernüchterung stellt sich unweigerlich die Frage, was danach kommt, wenn die vielen sich schon wieder zerstreuen. Starke Emotionen taugen nicht dauerhaft als Basis für Engagement, an ihre Stelle muss etwas anderes treten, das einer drohenden Ermüdung entgegenwirkt. Dazu später mehr.

Aber nun zu Faulheit und Feigheit, den beiden Quellen für selbst verschuldete Unmündigkeit. Sie sind Ausdruck einer Entscheidung zugunsten persönlicher Bequemlichkeit. Es gibt also durchaus rationale Gründe für eine solche Wahl, nur wäre es gut, wenn diejenigen, die sie bislang faktisch für sich getroffen haben, sich dies auch eingestehen würden. Was kann das in unserer Zeit heißen, faul und feige zu sein, und was hat es mit der Demokratiekrise zu tun? Wer sich im Politischen für die Faulheit entscheidet, verzichtet darauf, an dem Anteil zu nehmen, »was die Stadt angeht«, so der Wortsinn des altgriechischen Verständnisses von Politik. Die Faulen genügen sich darin, um ihr eigenes kleines Leben zu kreisen, das Gemeinwohl interessiert sie nicht, solange es intakt ist, profitieren sie sogar als Trittbrettfahrer davon. In der Blütezeit der attischen Demokratie, die von intensiver Bürgerbeteiligung gelebt hat, waren sie diejenigen, die an Versammlungen gar nicht erst teilnahmen. Man nannte sie *idiotes*. Es waren Bürger, die sich nur auf das Ihre beschränkten, also ausschließlich am persönlichen Fortkommen interessiert waren. Offenbar waren sie bereit, mit dem zu leben, was andere für sie mit beschlossen, Hauptsache, sie hatten ihre Ruhe. Ein solches Verhalten dürfte uns heute bekannt vorkommen. Demokratische Gesellschaften leben zwar im Theoretischen von dem Ideal, dass möglichst viele Menschen beständig gut informiert sind und Demokratie aktiv leben, aber im grauen Alltag der inzwischen wohl etwas erschöpften Demokratien wächst die Neigung, die Vorhänge zwischen sich und der rauen Welt der Krisen da draußen zuzuziehen. Hauptsache, es ist zu Hause schön hyggelig. Wenn die politischen Verhältnisse komplizierter werden, werden auch die Sofas weicher, wächst die biedermeierliche Sehnsucht, es sich in der Überschaubarkeit der eigenen Wohnzimmerwelt noch behaglicher zu machen. Das scheint gegenwärtig der Trend zu sein. Wie oft habe ich in jüngster Zeit bei politisch denkenden Menschen eine Verzweiflung darüber herausgehört, dass im Familien- oder Freundeskreis inzwischen gar nicht mehr über politische Angelegenheiten gesprochen werde, weil es den meisten angesichts der vielen Krisen zu anstrengend sei und sie nicht den Gedanken an sich heranlassen möchten, dass ihre Behaglichkeit von heute gar nicht so zukunftsfest ist wie erhofft. Kann man Menschen ihre politische Ignoranz moralisch vorhalten? Nein, kann man nicht, denn freiheitliche Gesellschaften sollen einem ja eben nicht vorschreiben dürfen, was man für ein Leben führen soll. Es gibt gewissermaßen ein Grundrecht auf Ignoranz, von dem wir nur hoffen dürfen, dass nicht allzu viele davon Gebrauch machen. Erfolgversprechender scheint mir, von dem zu erzählen, was Menschen in ihrem Leben verpassen, wenn sie sich für die Faulheit entscheiden. Dazu später mehr.

Faulheit und Feigheit gibt es aber auch auf dem Feld des Politischen selbst: als falschen Meinungsstolz, als Weigerung, Positionen zu akzeptieren, die der eigenen entgegenstehen, als verweigerte Kommunikation mit Andersdenkenden. Die Faulheit zieht die Kreise eng, grenzt aus und sortiert abweichende Meinungen schnell in Schubladen. Jüngste Beispiele: Corona-Leugner, Aluhüte, Querdenker. Die gab es, aber in sehr überschaubarer Anzahl. Viele sind dagegen vorschnell so genannt worden, obwohl das Etikett gar nicht passte. In der Zeit der Pandemie hat diese Form der Stigmatisierung verheerende Wirkungen für unsere politische Kultur entfaltet, mit Vertrauensverlusten, die bis heute schmerzlich nachwirken, auch wenn es für eine erinnernde Aufarbeitung derzeit zu früh zu sein scheint. Die Wunden sind noch zu frisch, das Verdrängen ist fürs Erste der leichtere Weg. Die Folge waren Gesprächsabbrüche, im privaten und im öffentlichen Raum. Ein ratloses Schweigen, Resignation oder sogar Verbitterung bei denen, die plötzlich zwischen allen Stühlen landeten, weil sie sich im Schwarz-Weiß harter Polarisierung nicht wiederfinden konnten. Diese Unerbittlichkeit im medial aufgeheizten Meinungsstreit hat sich auch danach nahtlos fortgesetzt, sie ist der Treibstoff für Angst- und Wutpolitik, von der Rechtsextreme zehren. Ob es um den Krieg in der Ukraine geht, um den im Nahen Osten, um Migration oder Klimapolitik, um Gender-Fragen oder sogar um das, was zum Essen auf den Tisch kommt – die Verständigung zwischen Menschen, die unterschiedlicher Auffassung sind, will anscheinend immer schwerer gelingen oder wird erst gar nicht mehr versucht, und wer sich hier und da gar nicht sicher ist, ob das, wovon man heute so fest überzeugt ist, auch morgen noch trägt, findet mit seinen Zweifeln in einem durch permanente Erregung verengten öffentlichen Diskurs keinen Raum der Resonanz mehr. Je anspruchsvoller das Problem, desto stärker offenbar die Neigung, sich moralisch aufzuplustern und andere in den Senkel zu stellen. Aber es hilft ja nichts, wir werden auch künftig Verschiedene bleiben und bräuchten wohl inzwischen einen neuen Gesellschaftsvertrag, wie wir lernen, den Dissens auszuhalten, aber auch, wie auf zivilisierte Art zu streiten ist. Das freilich käme der Feigheit ins Gehege, die ja bequem davon lebt, sich mit abweichenden Meinungen gar nicht erst auseinandersetzen zu müssen, indem sie dem Konflikt aus dem Wege geht. Sie ist oftmals von der Faulheit kaum zu unterscheiden. Einen Lerneffekt haben die aufwühlenden Ereignisse der vergangenen Jahre allerdings inzwischen ausgelöst: Gründlich verpufft ist die Illusion, die Demokratie sei nicht nur die schönste, sondern auch die komfortabelste unter allen Lebensformen, wie es lange Zeit schien. Wer das Projekt ernst nimmt, weiß, dass sie im Gegenteil persönlich herausfordernd ist. Gerade weil sie so hohe Ansprüche an uns stellt, uns beständig dazu nötigt, uns selbst und unsere Interessen und Bedürfnisse zu relativieren, lauert stets die Versuchung, ins Infantile zurückzufallen. Mündig sein, politisch erwachsen sein, ist höchst anstrengend. (Aber eben doch – schön!)

Gut sieben Jahre sind inzwischen vergangen, seitdem ich die »Zehn Regeln für Demokratie-Retter« geschrieben habe. Damals galt es nicht nur, die hier in Europa völlig überraschende erste Wahl von Donald Trump zum US-Präsidenten zu verarbeiten, sondern vor allem der sich daraufhin auch bei uns rasch ausbreitenden gesellschaftlichen Grundstimmung eines lähmenden Pessimismus etwas entgegenzusetzen. Denn dieser Mangel an Zuversicht, das war schon damals meine Überzeugung, wird auf Dauer die Demokratiekrise weiter verschärfen, weil darin die Gefahr einer sich selbst erfüllenden Prophezeiung schlummert. Wer stets mit dem Schlimmsten rechnet, bereitet dem Schlimmsten ungewollt den Weg. Freiheitliche Gesellschaften sind darauf angewiesen, dass möglichst viele von dem Geist getragen sind, dass sie ihre gemeinsame Welt gestalten und nicht nur ertragen können, dass Menschen es in der Hand haben, ein besseres Morgen zu schaffen. Ohne Zuversicht wäre in der Vergangenheit keiner der Kämpfe um Freiheit und Gerechtigkeit gewonnen worden, alle sozialen und politischen Bewegungen sind auf diese Ressource angewiesen. Politische Erfolge wurzeln nicht in Verzweiflung. Nun kann man niemandem Zuversicht verordnen. Sich selbst aber darin einüben kann man schon. Indem man erste Schritte geht, im eigenen Umfeld gezielt nach Mitwirkung sucht und durch Erfahrungen von gelingender Praxis den eigenen lähmenden Pessimismus mehr und mehr überwindet. Solche Gelingens-Geschichten werden im Folgenden eine wichtige Rolle spielen.

Nachdem die »Zehn Regeln für Demokratie-Retter« erschienen waren und die Runde machten, habe ich anschließend über einen Zeitraum von mehreren Jahren an über hundert Orten mit sehr verschiedenen Menschen über Demokratie diskutiert, gestritten und dabei selbst viel gelernt. Manchmal war es ein Heimspiel unter Leuten, die sich ihrer Leidenschaft für Demokratie nur noch einmal vergewissern wollten, manchmal ein Auswärtsspiel unter lauter Verdrossenen oder sogar Wütenden. Immerzu war die Angst vor einer düsteren Zukunft mit im Raum, häufig aber auch die Freude des Aufbruchs. Oft dachte ich in dieser Zeit: Die Demokratie braucht viel mehr Begegnung. Wer Polarisierungen etwas entgegensetzen will, muss Orte schaffen, an denen das ausgetragen wird, was auszutragen ist. Von Angesicht zu Angesicht. Gegen die Faulheit und Feigheit, die sich nur ins Digitale hineintraut. Und ich dachte oft: Wir sind gar nicht ein Land, wir sind längst zerklüftet in viele soziale Welten, die voneinander kaum noch Notiz nehmen. So kann es nicht bleiben.

Viel ist passiert in diesen atemlosen sieben Jahren, manches musste ich neu bedenken, und die Sorgen um die Zukunft dieser wunderschönen Menschheitsidee sind jedenfalls nicht kleiner geworden. Zeit für einen zweiten Versuch, denn Erste Hilfe scheint inzwischen vonnöten.

Wenige bewirken viel

Die Zukunft unserer Demokratie entscheidet sich nicht allein in Berlin, sondern auch in Wombach. Wäre dieses Wombach überall, müssten wir uns womöglich ein paar Sorgen weniger machen. Es ist ein 2000-Seelen-Dorf im Spessart, das vor Kurzem von einem Problem gedrückt wurde, das vielerorts leider typisch für die Entwicklung im ländlichen Raum ist: Der einzige Bäcker im Ort konnte aus gesundheitlichen Gründen seine Arbeit nicht mehr fortführen, es drohte die Schließung eines Ladens, der viel mehr war als nur die tägliche Gelegenheit, sich mit frischem Brot zu versorgen. Hier traf man sich zum kurzen Gespräch, hier wurden auf die Schnelle die Angelegenheiten des Ortes ausgetauscht. Stirbt die Bäckerei, dann stirbt irgendwann auch das Dorf als sozialer Raum, dient seinen Bewohnern nur noch als Schlafstätte. Diese Befürchtung war plötzlich das Dorfgespräch. Aber dann ereignete sich etwas, das nur diejenigen als Wunder betrachten dürften, die wenig vertraut damit sind, wie gute Ideen in die Welt kommen, nämlich fast immer durch einige wenige, die den Mut haben, einen neuen Anfang zu machen. Diese wenigen, in diesem Fall genau genommen drei, waren vielleicht schon durch das ein oder andere Glas wagemutig geworden, als sie während einer Faschingsfeier gemeinsam um eine Feuertonne standen und das Gespräch auf die drohende Schließung der Bäckerei kam. Einer von den dreien muss dann irgendwann den Gedanken geäußert haben, das Dorf könne doch die Bäckerei künftig selbst betreiben, man müsse dafür nur eine Dorfgenossenschaft gründen. Was so einfach klingt, ist in der Regel sehr anspruchsvoll und zeitraubend. Zudem reicht es nicht, wenn drei Menschen von ihrer Idee überzeugt sind. Ans Laufen kommt diese Idee erst dann, wenn möglichst viele im Dorf nicht nur verbal bekunden, es sei großartig, die Bäckerei am Leben zu erhalten, sondern auch bereit sind, ihr Portemonnaie zu öffnen, damit die Genossenschaft genügend Einlagen besitzt, um betriebswirtschaftlich handlungsfähig zu sein. Zum Schwur kam es in Wombach folglich erst bei einer Dorfversammlung, an der mehrere Hundert Menschen teilgenommen haben. Jeder Einzelne von ihnen musste sich die Frage stellen, ob er oder sie tatsächlich persönlich bereit wäre, zugunsten des Gemeinwohls finanziell ins Risiko zu gehen. Materiell gab es nur zu verlieren, nichts zu gewinnen. Immateriell allerdings lockte die Aussicht auf ein starkes Signal, dass die Wombacher gesellschaftlichen Zusammenhalt nicht einfach als gegeben nehmen, sondern durch aktives Handeln befördern möchten. Den dreien von der Feuertonne, die zuvor klug genug gewesen waren, weitere Mitstreiter in ihren engeren Kreis hineinzuholen, muss es bei der

Versammlung gelungen sein, eine Atmosphäre freudiger Zuversicht zu verbreiten, die auf die vielen im Saal ansteckende Wirkung hatte. Jedenfalls kamen so hohe Summen zusammen, dass es nun kein Zurück mehr geben konnte, das kleine Wunder der Rettung gelang tatsächlich. Wer heute nach Wombach kommt, findet dort nicht nur täglich frisches Brot, sondern vor allem Menschen, die stolz darauf sind, was ihnen gelungen ist, und nun von etwas erzählen können, was ihren Ort besonders macht. Sie identifizieren sich mit ihrem Gemeinwesen, genießen vielleicht sogar ihre gestalterische Rolle. Die Dorfgenossenschaft ist das verbindende Dritte, das zwei, die verschieden sind und zunächst einmal nur eine gemeinsame Postleitzahl haben, so verknüpft, dass sie Neues in die Welt bringen. Längst sind die Dorfgenossen dabei, nächste Schritte zu überlegen, was nach der Rettung der Bäckerei folgen könnte, denn das Netzwerk ist ja bereits gesponnen und steht für kommende Aufgaben bereit. Aber es ist das eine, die Geburtsstunde einer neuen Bewegung mitzuerleben, ein emotionales Gipfelerlebnis, das in Windeseile viele Einzelne, die bislang nur zugeschaut haben, in Aktivbürger verwandelt, und etwas völlig anderes, anschließend die Mühen der Ebene zu durchschreiten. Nach ihrer erfolgreichen Gründung und der gelungenen Rettung der Bäckerei verhält es sich im Grunde mit der Dorfgenossenschaft von Wombach im Kleinen so wie mit der Demokratie im Großen: Sie ist angewiesen auf verstetigtes Engagement und muss Menschen für ihre Idee nicht nur einmal begeistern, sondern immerzu. Nie kann Zwang ausgeübt werden, immer kommt es darauf an, dass genügend Einzelne aus freiheitlichem Entschluss ihr Ja erneuern.

Was lehrt nun das Beispiel Wombach, warum müssten wir uns um die Zukunft der Demokratie weniger sorgen, wenn Wombach überall wäre? Zunächst lohnt es, auf die Anfänge zu schauen. Ich habe in den vergangenen Jahrzehnten immer wieder nach solchen lokalen Netzwerken erfolgreichen zivilgesellschaftlichen Engagements Ausschau gehalten, weil ich sie für das Immunsystem der Demokratie halte. Dort entfaltet sich ein demokratisches Selbstbewusstsein, das in autoritären Gesellschaften sofort unterbunden würde, weil es den Mächtigen viel zu gefährlich wäre. Dort können Menschen lernen, den Raum des Politischen zu betreten (oft, ohne dies zu bemerken, weil sie ihr Handeln gar nicht als politisch deuten), dort machen sie die unschätzbare Erfahrung, dass eigenes Mitwirken ihre Wirklichkeit verändern kann. Menschen spüren und hören auch von anderen, dass es auf sie ankommt. Sie beginnen, Spuren zu hinterlassen, überwinden mehr und mehr die Denkweise, sich selbst nur als Opfer der Verhältnisse zu begreifen. Es ist die Suche nach »guten Orten«, an denen gefunden wird, was anderswo rar geworden ist: intakte Strukturen von täglich gelebter Solidarität, von aktiver Verwandlung des Hässlichen in Schönes. Jeder gute Ort hat seine Eigenlogik und besondere Geschichte, es gibt folglich nicht den einen passenden Bauplan für alle, aber eines haben alle diese Netzwerke gemeinsam: Sie verdanken ihre Entstehung wenigen, die viel bewirken. Wenn ich Menschen an guten Orten gebeten habe, sich an die Anfänge zu erinnern und den eigentlichen Gründungsakt zu beschreiben, habe ich immer wieder die scheinbar banale Aussage zu hören bekommen, man habe mal mit ein paar Leuten zusammengesessen. Interessanterweise schwingt da etwas Absichtsloses mit. Man war nicht zusammengekommen, um ein Problem zu bearbeiten, es gab keine Tagesordnung und kein Protokoll, sondern die gute Idee entstand unverhofft in einer Atmosphäre gelingender Geselligkeit. Was wiederum bestätigt, wie wichtig für die Demokratie Räume der Begegnung sind. Heute ist es eine leichte Übung, Menschen miteinander digital zu verknüpfen. Auch in Wombach wird davon rege Gebrauch gemacht. Aber wirklich etwas miteinander anfangen, ein verbindendes Drittes in die Welt setzen, werden Menschen erst, wenn sie sich in die Augen schauen und nach und nach ein Gespür dafür entwickeln, auf wen man sich verlassen kann. Jede gute Idee lebt also von einigen Schlüsselpersonen, die ihr Mandat daraus beziehen, dass sie von anderen für vertrauenswürdig und verlässlich gehalten werden. In den Augen der anderen scheint das Gelingen von ihnen abhängig zu sein, sie gelten als unverzichtbar. (Auf lange Sicht dürfen sie es natürlich nicht sein, sondern müssen bestrebt sein, sich selbst perspektivisch überflüssig zu machen.) Ein Grundprinzip übrigens, das sich in allen Formen von Gemeinschaftlichkeit wiederfindet, weil es viel mit unserer Menschenkenntnis zu tun hat. Wer sich als teilnehmender Beobachter bei gesellschaftlichen Zusammenkünften umschaut, sei es ein Sportverein, eine Schulpflegschaft oder eine Partei, wird am Ende eines Treffens problemlos benennen können, wer die Schlüsselpersonen im Raum waren, ohne sie vorher gekannt zu haben. Das müssen beileibe nicht die Vielredner sein, Schlüsselpersonen können auch mit wenigen Worten Richtungen ändern und wirken, ohne etwas zu sagen, weil es ihr Tun ist, das wirkt. Es sind Menschen, an denen andere sich orientieren, von denen sie sich mitunter beflügeln lassen. Über die sie vielleicht sogar insgeheim denken, dass sie selbst gern auch ein wenig so wären wie sie. Nun mag man zunächst einwenden, dass die Bedeutsamkeit des Einflusses von Schlüsselpersonen elitär gedacht ist und wenig demokratisch wirkt. Verletzt diese Idee nicht den Grundsatz, dass jede Stimme gleich viel zählen sollte? Demokratietheoretisch wäre es natürlich ideal, wenn alle nicht nur gleiche Rechte hätten, sondern auch faktisch gleich wären, und sich jegliche Macht genau gleich auf die Anzahl der Köpfe verteilen würde. Aber Menschen sind nicht so, in keiner Demokratie der Welt. Ehrlicher wäre es, offen einzugestehen, dass auch die Idee der Demokratie von einem gewissermaßen »aristokratischen« Element lebt. Sie ist darauf angewiesen, dass es die wenigen gibt, die ihre egoistischen Interessen zurückstellen und freiwillig Dienst am Gemeinwohl leisten. Das geschieht natürlich nur phasenweise, und zu anderen Zeiten des Tages stehen die Notwendigkeiten des Lebens im Vordergrund. Diese wenigen übernehmen die Arbeit, von der auch die vielen profitieren. Was natürlich noch lange nicht heißt, dass sie selbst davon nichts hätten und allein aus Altruismus handeln würden. Das aristokratische Element besteht darin, dass Menschen bereit sind, an sich selbst bestimmte Ansprüche zu richten, indem sie ihre Freiheit mit der Übernahme von Verantwortung verknüpfen. Sie binden sich selbst und schaffen dadurch neue Verbindungen zu anderen. Pathetisch gesprochen wollen sie in ihrem Leben nicht immer nur dem eigenen Nutzen folgen, sondern hin und wieder auch edel, hilfreich und gut sein, wie es in dem berühmten Gedicht von Goethe heißt, in dem auch die Rede davon ist, was auf diese Weise gelingen kann: dem Augenblick Dauer zu verleihen, also tatsächlich eigene Spuren in dieser Welt zu hinterlassen. Wenige bewirken viel. Dieser Satz steht quer zu dem, was ich in vielen Diskussionen über Demokratie zu hören bekommen habe. Immer wieder wurde nämlich der Einwand geltend gemacht, hier im Saal seien zwar viele einig darin, wie wertvoll es sei, sich für diese Lebensform einzusetzen, aber was seien denn diese zweihundert Versammelten hier gemessen an den vielen da draußen, die vollkommen gleichgültig seien und zudem miserabel informiert. Meine Antwort war dann stets, dass zweihundert Menschen zunächst viel zu viele wären, um eine gute Idee in die Welt zu bringen. Einer alleine schaffe es zwar auch nicht, aber für den Anfang seien drei an der Feuertonne vollkommen ausreichend, und zweihundert könnten, wenn sie klug handeln, sogar einen ganzen Stadtteil verwandeln. Demokratie lebt von der Kraft selbstbewusster Subjekte, die ihre unterschiedlichen Begabungen einbringen. Ohne Demokratie würden diese Begabungen dagegen verkümmern. Die Bedeutung selbstbewusster Subjekte für die Zukunftsfähigkeit unserer Gesellschaft wird chronisch unterschätzt, bestehende Freiheitsspielräume werden systematisch kleingeredet. Der von einem lähmenden Pessimismus geprägte Zeitgeist, der bei vielen zweifellos existierende Erfahrungen von Ohnmacht immerzu reproduziert, will uns momentan das Gegenteil einflüstern, dass Einzelne gar nichts tun könnten und die Macht der Verhältnisse beständig nur neue Opfer produziert. Wer so denkt, nimmt sich selbst als Akteur vom Spielfeld. Ein Einwand gegen die Idee der wenigen, die viel bewirken, lässt sich allerdings nicht von der Hand weisen: Die Idee ist leider offen für Missbrauch, sie lässt sich auch in destruktiver Weise umsetzen. An nicht wenigen Orten vor allem in Ostdeutschland haben Rechtsextreme längst verstanden, welch zentrale politische Bedeutung zivilgesellschaftlichem Engagement zukommt. Das soll ihr Eroberungsraum werden oder ist es mancherorts längst, sodass sich demokratisch Gesinnte dort schlimmstenfalls gar nicht mehr hineintrauen. Rechtsextreme versuchen sich in der Rolle von Schlüsselpersonen, unterwandern bestehende Strukturen oder schaffen neue, die dazu dienen sollen, diesen Leuten ein Image der erfolgreichen Kümmerer zu verschaffen. Sie wissen bereits, was vielen überzeugten Demokraten als Lektion erst noch bevorsteht: In der Demokratie braucht man beileibe nicht immer eine Mehrheit, um die eigenen Vorstellungen umsetzen zu können. Schlimmstenfalls läuft es wie in einer Schulklasse, in der wenige Systemsprenger genügen, um alles ins Rutschen zu bringen. Folglich ist es nur konsequent, dass sich eine rechtsradikale Vereinigung »Ein Prozent« nennt, die aus dem Umfeld der sogenannten »Identitären Bewegung« kommt. Kleine Minderheiten können Mehrheiten von ihrem Kurs abbringen.

Die Welt zum Dorf machen

Die Demokratie ist also nicht nur eine Staatsform, eine bestimmte Art, wie ein Land politisch organisiert ist, sie ist zuallererst eine Lebensform, die uns wie keine andere die Möglichkeit verschafft, viel aus unseren Talenten zu machen, unser viel zu kurzes Leben nach eigenen Vorstellungen zu entwerfen. Jeder Tag, den wir unter autoritären Verhältnissen verbringen müssten, wäre geraubte Lebenszeit, verhinderte Persönlichkeitsentwicklung. Natürlich kann es auch unter Bedingungen von Unfreiheit Momente gelingenden Lebens geben und umgekehrt unter freiheitlichen Verhältnissen persönliches Scheitern, wir können uns selbst verfehlen, indem wir den Versuchungen der Faulheit und Feigheit erliegen. Aber in keiner anderen Gesellschaftsform sind wir so sehr eingeladen, eigene Maßstäbe dafür zu setzen, was wir selbst unter einem guten Leben verstehen wollen. Diesen einladenden Charakter neu sehen und wertschätzen zu lernen, ist heute unsere Aufgabe. Leider ist es so, dass diejenigen den Wert der Freiheit am besten kennen, die sie schmerzhaft entbehren müssen. Wir dagegen lassen gerade einen Zustand der Gewöhnung hinter uns. In der Demokratie haben wir die Wahl, ob wir in der beschriebenen Weise zu den wenigen oder zu den vielen gehören wollen. Wir können jederzeit die Seite wechseln und die Gruppe der wenigen, die sich engagieren, vergrößern, was immer das politische Ideal bleiben wird. Möglichst viele sollen mitgestalten können, und diese Mitgestaltung soll sich möglichst nicht darin erschöpfen, nur periodisch ein Kreuz auf dem Wahlzettel zu machen. Aber niemals werden alle mitmachen, deshalb wäre es töricht, den eigenen Blick auf diejenigen zu fixieren, die desinteressiert sind.

In der Demokratie können wir für und gegen etwas sein. Oft beginnt eine politische Biografie mit einem Protest. Man geht zum ersten Mal in seinem Leben auf eine Demonstration, ein Erlebnis, das wie eine Initiation sein kann. Man ist empört und zutiefst nicht einverstanden. Man sucht die Gemeinsamkeit mit anderen, um sich mit der Kraft einer möglichst großen Masse einer Entwicklung entgegenzustemmen, die man für falsch hält. »Gegen rechts« wäre derzeit das passende Beispiel, wobei wir an dieser Stelle noch beiseitelassen können, dass es dann häufig diffus bleibt, was genau unter »rechts« zu verstehen ist. Sich zu empören über Ungerechtigkeiten, kann im richtigen Moment eine Tugend sein, und viele soziale Bewegungen in der Geschichte haben davon gezehrt, dass Menschen aus der Gleichgültigkeit, aber auch aus einem Opferdenken, das zu Passivität führt, heraustreten, indem sie sich zum Protest versammeln und ein großes Dagegen-Sein formulieren. Seit der Französischen

Revolution waren solche Bewegungen anfangs entscheidend für sozialen Fortschritt, und auch künftig wird es vermutlich nicht an Gelegenheiten fehlen, wo es an der Zeit ist, Protest auf die Straße zu tragen. Wer nur auf dem Sofa sitzen bleibt, dem fehlt es in solchen Momenten an dieser Tugend: der Bereitschaft, nicht alles in stoischer Ruhe hinzunehmen, sondern sich zu empören, wenn die Verhältnisse danach schreien. Gleichwohl wird es perspektivisch nicht reichen, nur gegen etwas zu sein. Die Aufgabenstellung heute lautet: Wie kann dieses große und für den Moment beeindruckende Dagegen-Sein in ein Für-etwas-Sein verwandelt werden? Wie kann aus einem starken Impuls verstetigtes Engagement werden? Beides ist wichtig, je nach Situation, aber ich habe anhand des Beispiels von Wombach bewusst mit einem Dafür-Sein begonnen, weil es für die, die sich durch aktives Umgestalten vor der eigenen Haustür als selbstwirksam erleben können, eine kostbare Erfahrung ist. Sie können dabei sein, wenn gute Orte geschaffen werden. Im direkten Umfeld finden sich die Erfahrungsräume, in denen subjektiv erlebte Ohnmacht in Selbstwirksamkeit verwandelt werden kann. Und das gelingt, wenn man Teil einer Bewegung ist, die nicht nur gegen etwas ist, sondern auch für etwas. Weil solche Bewegungen etwas in die Welt bringen, das sich anschauen lässt und die persönlichen Beiträge zum Gelingen sichtbar macht. Weil durch gemeinsame Aktivität das verbindende Dritte entsteht, das auch Einsamkeit zu überwinden hilft, eine

Erfahrung, die in den westlichen Demokratien endemisch geworden ist.

Ein ganz praktisches Beispiel, wie man dieser Tendenz entgegenwirken kann, haben übrigens vierzehn Menschen in dem Städtchen Herdorf im Westerwald geliefert. Sie haben ebenfalls eine Genossenschaft gegründet und auf diese Weise die letzte noch verbliebene Kneipe im Ort gerettet. Andernfalls hätte es dort keine Veranstaltungen mehr gegeben, und die Vereine hätten ihren Treffpunkt für Versammlungen verloren. Nirgendwo steht geschrieben, dass das Dorfsterben ein Naturgesetz ist und das Phänomen der Vereinzelung unweigerlich wachsen muss. Nach einer langen Phase des neoliberalen Hyperindividualismus wächst im Gegenteil nun wieder das Bedürfnis, sich selbst als soziales Wesen erleben zu können, das sich auf der Basis von Freiheit an andere bindet. Genau das ist der Effekt von Wombach und Herdorf: Menschen, die mitgemacht haben, erleben sich als Akteure, identifizieren sich mit ihrem Gemeinwesen und werden sich vermutlich wehren, wenn es von Populisten schlechtgeredet wird. Denn es ist ja *ihr* Gemeinwesen. Sich mit etwas identifizieren zu können, Ja sagen zu können zu der Welt, die mich umgibt und die ich mitgestalte, entspricht einem tiefen menschlichen Bedürfnis.

Wer bin ich, was macht mich aus, was verbindet mich mit anderen? Diese Fragen haben an Dringlichkeit gewonnen, weil sich die Antworten anders als früher nicht mehr von selbst verstehen. In der Vergangenheit waren es soziale Herkunft und Traditionen, die sie vorgaben. Die Aufforderung lautete, möglichst so zu leben und zu denken wie die Generationen zuvor auch. Heute muss und kann dagegen jeder und jede Antworten für sich selbst finden, was nicht immer leicht ist. Zur Freiheit gehört eben auch, dass sie ganz schön anstrengend sein kann, und manche daher lieber ein festes Geländer dafür hätten, wie sie ihr Leben führen sollen. Dabei ist es doch zuallererst ein Grund zur Freude, dass wir heute leichter als früher Rollen verändern und Herkünfte hinter uns lassen können. Um das weiterhin möglich zu machen, müssen Demokratien allerdings ihr Versprechen einlösen, sozial durchlässig zu sein und nicht am Ende doch die Herkunft über die Zukunft entscheiden zu lassen. Schroffe Ungleichheit, eine als immer ungerechter empfundene Verteilung des Reichtums machen dieses demokratische Versprechen mehr und mehr zunichte.

Seit Längerem werden nicht nur in Deutschland uferlose Debatten um Identität geführt. In einer Welt der Unübersichtlichkeit und der Dauerkrisen gehen viele auf die Suche nach dem archimedischen Punkt in ihrer Biografie, von dem aus sich die eigene Persönlichkeit scheinbar vollständig erklären lässt. Es ist eine Suche nach festem Halt in einer Gesellschaft der Verschiedenen, in der zersplitterte Diversität das Verbindende vermissen lässt und zu einem gleichgültigen Nebeneinander führen kann. Interessanterweise konzentriert sich diese Suche nach den für die eigene Identität vermeintlich ausschlaggebenden

Persönlichkeitsmerkmalen seit einiger Zeit sehr stark auf das, was wir uns selbst gar nicht ausgesucht haben: Geschlecht, Alter, Hautfarbe, ethnische Herkunft. Rechte und auch manche linke Identitätspolitiker verhalten sich in dieser Hinsicht wie Zwillinge, auch wenn sie hinterher zu völlig unterschiedlichen politischen Schlüssen kommen. Aber wollen wir uns tatsächlich von anderen darauf festlegen lassen, dass diese Eigenschaften der Dreh- und Angelpunkt unserer Identität sein sollen? Können wir wirklich mit der Grundannahme einverstanden sein, dass unser Blick auf die Welt, unser gesamtes Denken und Handeln unweigerlich davon abhängen soll, ob wir ein weißer alter Mann oder eine junge schwarze Frau sind? Das hieße ja, dass wir als Unfreie durch die Welt gehen, unfähig zum Perspektivwechsel, gefangen durch Merkmale, die nicht Ergebnis eigener Wahl sind und zudem unveränderbar. Es werden Trennungen beschworen, die unaufhebbar sind, dabei wäre doch heute die Suche nach Verbindendem viel dringender, nach dem, was Menschen in all ihrer Verschiedenheit für den Zusammenhalt tun können. Um aus der geistigen Enge des Identitätskonzepts herauszufinden, wäre versuchsweise eine Gegenprobe hilfreich: Jeder möge für sich überlegen, mit welchen fünf Eigenschaften man den eigenen Charakter auf die Schnelle gut beschreiben kann. Jede Wette, dass es dann zuallererst um Merkmale geht, für die man sich entschieden oder die man an sich selbst entwickelt hat. Wir haben nicht nur eine Identität, wir haben viele verschiedene Identitäten, und schon nächste Woche kann ich, wenn ich möchte, eine neue Facette meiner Persönlichkeit ausbilden und eine andere hinter mir lassen, oder zumindest in ihrer Bedeutung relativieren. Vor einiger Zeit habe ich an einer hessischen Gesamtschule mit Jugendlichen über Demokratie diskutiert, und es wurde schnell deutlich, wie groß die Gefahr derzeit ist, in die Identitätsfalle zu tappen. Ein Sechzehnjähriger berichtete geradezu verzweifelt, wie sehr es ihn quälen würde, für sich nicht zu wissen, ob er sich nun als Deutscher oder als Marokkaner fühlen solle. Er empfand einen Druck, sich entscheiden zu müssen, offenbar auch, um die Erwartungen von anderen zu erfüllen. Als ich ihn fragte, was an seinem Leben anders wäre, wenn er sich so oder so festlegen würde, schaute er zunächst irritiert und antwortete dann über sich selbst verwundert: eigentlich gar nichts. Hinterher war er regelrecht erleichtert, eine neue Option für sich entdeckt zu haben: die Verweigerung einer Festlegung auf eine einzige Identität, die Zurückweisung des einengenden Urteils der anderen. Wer einen anderen zuallererst als Schwulen, Muslim oder Ungläubigen bezeichnet, obwohl er vielleicht auch Fußballfan, Sushi-Liebhaber oder Balkongärtner ist, und die vielen anderen Charaktermerkmale, die eine Persönlichkeit ausmachen, gar nicht alle aufgezählt werden können, reduziert Menschen auf Gruppenidentitäten, steckt sie ungefragt in Schubladen. Dabei gehört es ja gerade zur menschlichen Freiheit, dass man den eigenen Stall auch verlassen darf. Oft sind es die anderen, die die Stalltür gern schließen würden, manchmal ist man es aber auch selbst, der die Wärme und den Geruch des Stalls sucht, auch auf die Gefahr hin, ein Leben in der Blase zu führen und gar nicht mehr mitzubekommen, warum andere anders denken.

Also Vorsicht vor den Angeboten auf dem Marktplatz der Identitäten. Zur Idee der Demokratie wird immer gehören, dass wir uns als Verschiedene begegnen und auch verschieden bleiben dürfen, nicht alle gleich werden müssen. Nicht jeder Dissens muss aufgelöst werden, ihn aushalten zu können, das ist der persönliche Kraftakt. Die Demokratie lebt von einem Verständnis von Freiheit, das zu keinem Zeitpunkt einer Gemeinschaft geopfert werden muss, wie es in autoritären Regimen geschieht, die feste Identitäten beschwören, um andere auszugrenzen. Zudem geht es in der Demokratie immer auch darum, Allianzen weit über die eigene Gruppenidentität hinaus schmieden zu können, um mehrheitsfähig zu werden. Und dennoch bleibt es dabei, dass es das menschliche Bedürfnis gibt, sich mit etwas zu identifizieren, das größer ist als man selbst, aber doch nicht so groß, dass man den Überblick verliert. In Köln liest man hoch oben auf einem Dach den inzwischen weithin bekannt gewordenen Schriftzug »Liebe deine Stadt«. So ähnlich hätten es auch schon die frühen Demokraten in der griechischen Antike formulieren können. Das alternative Angebot zur Identifikation jenseits der radikalen Vereinfacher auf dem Markt der Identitäten könnte darin bestehen, Einladungen zur Mitgestaltung der gemeinsamen Welt auszusprechen. Verbinde dich mit Verschiedenen, mit denen du zunächst nur die Postleitzahl gemeinsam hast. Schaffe eine Einheit auf der Basis von Vielheit. Lass deine Liebe gern praktisch werden, indem du Hässliches in Schönes verwandelst. Das Lokale ist der Raum, in dem wir erfahren, dass wir die Dinge beeinflussen können. Schon im Mittelalter hieß es, dass Stadtluft frei macht. In der Stadt können Fromme vom Glauben abfallen und Atheisten sich taufen lassen, ohne von ihrer Umgebung geächtet zu werden. Aber was, wenn auch die Stadt noch zu groß ist, um sichtbare Spuren hinterlassen zu können? Dann wird es Zeit, Dörfer zu gründen, und sei es mitten in der Großstadt. Denn das Dorf (hier verstanden als Metapher und nicht als Provinz) ist die Antwort auf die Globalisierung, die stark zu dem weitverbreiteten Gefühl beigetragen hat, dass man vermeintlich keinen Einfluss mehr darauf nehmen kann, wohin sich die Dinge entwickeln. Es ist kein Zufall, dass in der griechischen Antike die Geschichte der Demokratie im Raum des Lokalen begonnen hat, mit einer Einladung an alle, sich zu versammeln und mitzuwirken. Vor über zweieinhalbtausend Jahren gelang es in der Blütezeit der Polis-Demokratie, einen Gemeinsinn zu entwickeln, der auf bürgerschaftlichem Engagement beruhte. Heute ist es eine leichte Übung, auf das damalige Defizit hinzuweisen, dass nämlich Frauen und Sklaven von Beteiligung ausgeschlossen waren. Das wird uns nicht wieder passieren. Aber so viel Partizipation wie in der antiken Polis gab es danach nie wieder. Wer heute mehr Demokratie wagen will, wird dies klugerweise von unten beginnen und darauf setzen, dass sich politisches Selbstbewusstsein am besten dort wecken lässt, wo Menschen ihre eigene Lebenswelt verändern und sich positive Ergebnisse auch selber zuschreiben können. Es ist auch kein Zufall, dass sich die gegenwärtige Vertrauenskrise an demokratischen Institutionen wie der Europäischen Union festmacht, die als weit weg empfunden werden. Die Polis war nach heutigen Maßstäben klein und überschaubar. Auch Rousseau war viel später der Auffassung, dass die ideale Republik nicht größer sein darf als seine Heimatstadt Genf. Natürlich wäre es Ausdruck eines bornierten Lokalpatriotismus, zu meinen, wer Politik im Nahbereich betreibt, müsse sich keine Gedanken mehr machen über globale Krisen. Das eine lässt sich vom anderen ohnehin nicht trennen. Aber in einer Situation verbreiteter Mutlosigkeit sind wir heute verstärkt auf Geschichten des Gelingens angewiesen, und die ereignen sich noch am ehesten vor der eigenen Haustür. Idealerweise verhält sich dieses Glück des Gelingens so wie der erste Stein, der ins Wasser geworfen wird: Er zieht danach weitere Kreise. Im Bereich des Lokalen beginnen häufig die spannenderen politischen Biografien, denn es macht einen Unterschied, ob die ersten Gehversuche in den Problemzonen des Alltags stattfinden oder in einem politikwissenschaftlichen Hörsaal.

Im vorherigen Kapitel habe ich behauptet, dass wenige viel bewirken und zweihundert Menschen sogar einen ganzen Stadtteil verändern können. Schauen wir auf ein konkretes Beispiel, auf ein vor einem Vierteljahrhundert neu gegründetes Dorf mitten in der Großstadt. Im rechtsrheinischen Köln liegen die beiden Stadtteile Höhenberg und Vingst. Sie gehören zu den Wohngebieten, in denen die Armut zu Hause ist und von einer Gleichheit der Lebenschancen keine Rede sein kann. Wer hier lebt, hat mit denen, die in den Wohlstandsquartieren residieren, im Alltag in der Regel kaum Berührungspunkte. Zur Krise der Demokratie gehört ja längst, dass die sozialen Lebenswelten je nach Portemonnaie immer weiter auseinanderdriften. Hier gibt es keine schicken Bars, die Radwege werden zuletzt erneuert, der Möbelwagen wird gerufen, sobald man sich etwas Besseres leisten kann. Die AfD erzielt hier bei Wahlen ein Mehrfaches ihrer Ergebnisse in den teureren Wohngebieten. Alle sozialen Probleme, die sich in Zeiten hoher Armutseinwanderung unweigerlich einstellen, finden sich hier konzentriert wieder, anders als in den Stadtteilen, in denen man mehrheitlich besonders migrationsfreundlich denkt, von den konkreten Folgen im Alltag allerdings in der Regel verschont bleibt. Auch die Desintegration ist ja höchst ungerecht verteilt, weshalb Demokraten, die auf der Sonnenseite des Lebens gelandet sind, ein Bewusstsein dafür entwickeln sollten, wie unterschiedlich nicht nur die sozialen Lebenswelten sind, sondern damit verknüpft auch das Lebensgefühl ist, das dort jeweils herrscht. »Die in den besseren Stadtteilen haben doch keine Ahnung von uns, und sie verachten uns auch noch«, solche Selbstaussagen kann dort hören, wer dafür Ohren hat. Höhenberg und Vingst, allein die Namen der benachbarten ehemaligen Arbeitersiedlungen haben sich durch sozialen Abstieg und fortschreitende Segregation zu Stigmata entwickelt, ähnlich wie die bundesweit bekannteren Beispiele Berlin-Neukölln, Hamburg-Wilhelmsburg oder Duisburg-Marxloh, zu denen viele eine Meinung haben, ohne je dort gewesen zu sein. Aber Menschen wollen sich auch dann mit ihrem Umfeld identifizieren, wenn es dort viele Probleme gibt und wenige Attraktionen. Am Anfang der Neugründung eines Dorfes (natürlich initiiert von einigen wenigen, die später viel bewirkten) stand in diesem Fall daher die Erfindung eines neuen Namens für längst existierende Orte, den man bei Google Maps nicht finden kann. Aus Höhenberg und Vingst wurde – HöVi-Land. Ein Label, das inzwischen für positive Erlebnisse und Identifikation mit dem eigenen Stadtteil steht, vielleicht sogar für eine Utopie im Kleinformat. Die Herzkammer dieses selbst geschaffenen HöVi-Landes findet sich auf einer großen Wiese in einer nahe gelegenen Grünanlage, die jeweils in den Sommerferien in ein großes Zeltdorf verwandelt wird. Dort verbringen etwa fünfhundert Kinder eine Ferienfreizeit, von denen viele aus Familien stammen, die sich Urlaube anderswo nicht leisten können. Für fünfzehn Euro pro Woche können sie dort so intensive Gemeinschaftlichkeit erleben, dass hinterher, wenn alle wieder in ihren Alltag zurückmüssen, regelmäßig die Tränen fließen. Diese Ferienfreizeit ist auch deshalb politisch interessant, weil sich hier besichtigen lässt, wie sich Netzwerke zivilgesellschaftlichen Engagements aus sich selbst heraus immer wieder verjüngen können. Wer als Kind begeistert jeden Morgen das eigens komponierte Mottolied gesungen und voller Stolz das jedes Jahr neu entworfene T-Shirt des HöVi-Landes getragen hat, wächst mit zunehmendem Alter beinahe automatisch in eine andere Rolle hinein und übernimmt in Leitungsfunktion Verantwortung für ein Gelingen des Ganzen. So rekrutiert das Dorf mitten in der Stadt die künftigen Mitstreiter. Sie werden mehr und mehr mit dem Gedanken vertraut gemacht, dass sie an neuen Aufgaben wachsen werden und sogar über sich hinauswachsen können, wenn sie den Mut zur Verantwortung aufbringen. Und schon werden sie dadurch zu Vorbildern für die Kleinen. Ältere Ehrenamtler wiederum, die sich um das Essen, die Elektrik, die medizinische Versorgung auf dem Gelände kümmern, erleben, wie eng verknüpft Engagement und Geselligkeit sind. Manche von ihnen verbringen ihren Jahresurlaub dort, weil die eigene Aktivität als besonders erfüllte Zeit erlebt wird. Im HöVi-Land wird sehr darauf geachtet, dass auch die Anerkennung für das Geleistete gerecht verteilt wird, alle das Gefühl bekommen, in ihrem Engagement von anderen gesehen zu werden. Man kann Menschen dabei beobachten, wie sehr sie es genießen, einen Applaus dafür zu bekommen. Hier weiß man, dass fehlende Anerkennung im Ehrenamt zerstörerische Wirkung entfalten kann, Aktive in den Rückzug treibt, und ritualisiert deshalb geradezu das öffentliche Lob. Vor einigen Jahrzehnten war es hierzulande noch viel üblicher, dass junge Menschen ins Engagement hinein sozialisiert wurden, weil sie Mitglied in Vereinen und Verbänden unterschiedlichster Weltanschauungen waren, von den Pfadfindern bis zu den Falken. Diese Agenturen des Sozialen, die in sich sehr homogen waren, haben vielerorts rapide an Bedeutung verloren, sodass diese soziale Alphabetisierung oft nachgeholt werden muss. Viele Erwachsene entdecken erst spät für sich, dass sie etwas zum Gemeinwohl beitragen möchten. Allein die Tatsache, dass es heute eigener Freiwilligenagenturen bedarf, weist auf ein Problem in einer Gesellschaft der Individualisierung hin: Viele bringen heute einen starken Willen mit, sich einzubringen, das Bedürfnis danach, etwas zu tun, liegt momentan geradezu auf der Straße und will abgerufen werden. Aber wenige haben Kenntnisse, wie dieser Wille praktisch umgesetzt werden kann, und brauchen daher Hilfestellungen, wie und wo sie sich nützlich machen können. Zivilgesellschaftliche Netzwerke im Lokalen benötigen daher eine Klugheit, die unterschiedlichen Talente aufzuspüren und sinnvolle Formen von Arbeitsteilung zu entwickeln, damit nicht alle alles machen müssen. Eine labile Angelegenheit, weshalb auch hierbei dem Wirken von Schlüsselpersonen eine zentrale Bedeutung zukommt. Ihnen ist die ratlose Frage von Hilfsbereiten wohlvertraut, wo denn ihr Platz sein könne. Das fragen sogar Menschen, die in ihren Berufen hoch qualifiziert sein mögen, in puncto Engagement aber keinerlei Erfahrung aufweisen.

HöVi-Land ist ein Beispiel dafür, wie sich eine Einheit der Verschiedenen bilden kann, eine Antwort auf die Krise von Organisationen, die stark an Tradition und gemeinsam geteilter sozialer Herkunft orientiert waren. Ohne die Kirchen mit ihren haupt- und ehrenamtlichen Strukturen wäre HöVi-Land bis heute nicht zu denken, aber gemeinsame religiöse Überzeugungen sind hier nicht mehr die Bedingung, um dabei zu sein, es gilt der lapidare Grundsatz: Wer etwas macht, hat die Macht. Womit gemeint ist, dass die Spielräume für Eigenverantwortung möglichst groß sein sollen. Die dreiwöchige Ferienfreizeit ist dabei für viele nur der Ursprungsort eigener Beteiligung, denn die Idee des HöVi-Landes lebt davon, dass es möglichst 365 Tage im Jahr gute Lösungen für soziale Probleme geben soll. Im Grunde geht es dort darum, verschüttete Traditionen der Solidarität und Nachbarschaftshilfe, wie sie am gleichen Ort vor hundert Jahren mal in der klassischen Arbeiterbewegung gelebt wurden, in unsere heutige Zeit unter völlig anderen

Bedingungen zu transponieren. Über die Jahre hat sich dort ein Netzwerk gebildet, das schnell und verlässlich zur Stelle sein möchte, wenn Menschen in Not geraten. Zudem sorgt es mit vielfältigen Verschönerungsaktionen dafür, dass es dort, wo viele Menschen arm sind, im öffentlichen Raum nicht auch noch ärmlich aussieht. Oft beginnt die Veränderung auf dem Gebiet der Ästhetik. (Ein Pionier in dieser Hinsicht war übrigens der ehemalige Bürgermeister der albanischen Hauptstadt Tirana, Edi Rama. Als er an die Spitze dieser sehr armen Stadt gewählt wurde, entschied er, das wenige Geld, das da war, für den Kauf von Farbeimern zu nutzen. Mit leuchtendem Orange, mit Blau, Grün und Gelb das Einheitsgrau der Plattenbauten wegzuwischen, das war seine Vision. Der Bürgermeister war überzeugt davon, auf diese Weise nicht nur die Stadt zu verschönern, sondern auch seine Bürger aufwecken zu können.)

Vor allem aber schafft das Netzwerk permanent das, woran es sonst oft fehlt: Begegnung. Hier lässt sich besichtigen, wie vierhundert aktive Menschen, die Hälfte davon sehr aktiv, das soziale Klima in einem Stadtteil grundlegend verändern können. Diese paar Hundert warten nicht darauf, dass auch alle anderen mitmachen. Als Faustregel, die sich auch anderswo bewährt hat, kann gelten, dass solche lokalen Strukturen bis zu einer Größenordnung von etwa fünfzehntausend Einwohnern gut funktionieren, denn ihre Basis sind Vertrauen, Verlässlichkeit, Menschenkenntnis. Wenn die erste zu groß wird, muss eben eine zweite Polis daneben aufgebaut werden. Interessant wird sein zu beobachten, was im HöVi-Land geschehen wird, wenn die Schlüsselpersonen aus der Gründungsphase mit ihrem Charisma, das viele andere bis heute inspiriert, nicht mehr da sein werden. Ob dann ein neues Dorf gegründet werden muss?

Politikverachtung gehört geächtet

Von Joseph Beuys stammt die berühmte Formulierung, dass jeder Mensch ein Künstler sei. Vielleicht wird es Zeit, sie abzuwandeln: Jeder Mensch ist ein Politiker. Nur die Faulheit und die Feigheit stellen sich dem gern in den Weg. Das Problem heute besteht allerdings auch darin, dass die meisten es wohl gar nicht als Bereicherung für ihr eigenes Leben empfänden, ihr Handeln als politisch zu deuten, was daran liegt, dass unser Begriff des Politischen inzwischen so sehr heruntergewirtschaftet ist, dass es höchste Zeit wird, daran etwas zu ändern. Denn die generelle Abwertung von Politik, erst recht die verächtlich pauschalisierenden Redeweisen über Politiker und Parteien, wie sie ständig zu hören sind, befeuern im Alltag die Krise der Demokratie. Wer sich daran beteiligt, denkt längst populistisch, oft ohne es selbst zu bemerken. Solche Redeweisen suggerieren nämlich, dass Macht immer schädlich ist und automatisch zweifelhafte Charaktere hervorbringt, sie suggerieren Zustände, die wir definitiv nicht haben. Denn im Weltmaßstab gibt es wenige Staaten, die so arm an Korruption sind wie unserer. Von den Möglichkeiten zur Partizipation und Persönlichkeitsentfaltung ganz zu schweigen. Es ist erstens unredlich und zweitens gefährlich, die eigene Gesellschaft so zu beschreiben, als lebten wir in einer Bananenrepublik, in der ständig Koffer voller Geld in den Deutschen Bundestag getragen würden, in dem auch nur »die da oben« vertreten seien. Nein, diese Gesellschaft ist im historischen Vergleich das Beste, was wir je hatten, was allerdings nicht heißt, dass wir das Optimum bereits erreicht hätten. Wie gut, dass es unter Fairness- und Gerechtigkeitsgesichtspunkten noch viel zu verbessern gibt. Daran zu erinnern ist allemal besser, als davon auszugehen, dass sich die Dinge unweigerlich verschlechtern werden. Wer so denkt, klammert sich ans Bestehende und verliert die Kraft zur Veränderung. Und wer sich nicht von der Attitüde verabschieden kann, man sei eigentlich gegen diese Gesellschaft, verkennt die vielen historischen Errungenschaften, von denen wir heute profitieren, entwertet im Grunde den Einsatz derjenigen, die sich in den Kämpfen der Vergangenheit für die Freiheit aufgerieben haben. Momentan knirscht es an vielen Stellen, manches funktioniert nicht mehr gut, oft ist Ärger berechtigt, der schnelle Wandel droht zudem zu überfordern. Aber wer würde hier auf die Idee kommen, die Arbeit von Ämtern mit Bestechung beschleunigen zu wollen, wie es anderswo üblich ist? Sich einzurichten in einer Schlechte-Laune-Demokratie ist höchst riskant, füttert Zorn und Verdruss. Oft habe ich in Diskussionen bemerkt, dass sich die Mundwinkel nach unten ziehen, wenn man Menschen, die höchst aktiv im Ehrenamt engagiert sind, mit der Aussage konfrontiert, dass sie damit faktisch Politik betreiben, weil sie dazu beitragen, ein Gemeinwesen zu verändern. Das scheint fast wie eine Beleidigung zu klingen, man betont dann gern demonstrativ, mit Politik gar nichts zu tun haben zu wollen. Dabei hat schon Hannah Arendt beschrieben, dass ein Mensch, der politisch zu handeln beginnt, in diesem Moment das Reich der Freiheit betritt. Denn immer dann, wenn jemand die beiden Sphären des Privat- und des Berufslebens für einige Zeit am Tag hinter sich lassen kann und an einem dritten Ort den Raum der Öffentlichkeit betritt, kommt eine andere Facette unserer Persönlichkeit zum Tragen, haben wir also auch die Chance, uns selbst auf eine andere Art zu erleben als am Arbeitsplatz oder in den eigenen vier Wänden. Hannah Arendt fand, dass ein Leben, das sich nur um Arbeit und Konsum dreht, von »Weltverlust« geprägt sei. Die Mitgestaltung der gemeinsamen Welt ist schon deshalb eine besondere Erfahrung, weil wir über uns hinauswachsen können, wenn nicht mehr der eigene Nutzen im Mittelpunkt stehen muss, der ja zu den Zwängen des Alltags gehört. Politisch aktiv zu sein, hat also auch eine existenzielle, persönlichkeitsverändernde Dimension. Momentan wirkt aber der Gedanke, dass sich ein politisches Leben im Raum der Freiheit abspielt und folglich auch schön und bereichernd sein kann, auf die meisten wohl zutiefst befremdlich. Sie suchen nach Erfahrungen von Freiheit ausschließlich im kleinen Kreis des Privaten oder im Job, was oft eine Falle ist. Kleine Kontrollfrage dazu: Wo finden sich denn wohl die interessanteren Menschen? Eben.

Halten wir also fest, dass ehrenamtliches Engagement in der Zivilgesellschaft seinem Charakter nach zutiefst politisch ist, auch dann, wenn diejenigen, die es betreiben, sich selbst als unpolitisch deuten. Je mehr Menschen ihren Platz für eigene Aktivität finden, desto robuster wird auch die Demokratie, ihr Immunsystem wäre intakt. Denn hier findet sich ihre Keimzelle, der Raum für die so kostbare Erfahrung, dass es einen Unterschied macht, ob man mitwirkt oder nur zuschaut, der Raum für die Überwindung des Verdrusses. Partizipation und Selbstorganisation von unten sind in autoritären Gesellschaften ausdrücklich unerwünscht. Allerdings weiß ich inzwischen aus vielen Diskussionen, dass es eine bedenkliche Entwicklung auch unter den Aktiven in der Zivilgesellschaft gibt. Sie betonen den vermeintlich unpolitischen Charakter ihres Wirkens häufig auch deshalb, weil sie selbst von der öffentlichen Geringschätzung erfasst sind, die der Politik entgegenschlägt. Noch unbequemer wird es in solchen Diskussionen folglich dann, wenn man darauf hinweist, dass zivilgesellschaftliches Engagement zwar für die Demokratie elementar ist, aber für sich allein genommen nicht reichen wird. Denn die Demokratie ruht nicht nur auf dieser einen, sondern auch auf einer zweiten unverzichtbaren Säule. So klug es ist, sich die Welt zunächst zum Dorf zu machen, um ins Handeln zu kommen, wird man doch einsehen müssen, dass diese Welt nicht nur aus einem Nebeneinander von lauter Dörfern bestehen kann und sich manche Menschen möglichst professionell um das kümmern müssen, was größer ist als die eigene Lebenswelt. Die Demokratie benötigt das Vertrauen der Bürgerinnen und Bürger in das Prinzip der Repräsentation, dass Macht per Wahl delegiert wird, auch an politische Strömungen, die einem persönlich nicht passen, wozu dann ebenfalls der nötige Respekt denjenigen gegenüber gehört, die in schwierigen Zeiten bereit sind, Mandate auszuüben. Momentan gibt es beispielsweise aber viele, die still für sich überlegen, ob sie noch einmal bei der nächsten Kommunalwahl antreten werden, wenn der Preis dafür bei vielen Gelegenheiten öffentliche Verachtung, körperliche Angriffe und die Bedrohung der eigenen Familie ist. Wie aber soll jemand, der ein immer dickeres Fell benötigt, um sich in einem solchen gesellschaftlichen Klima nicht aufzureiben, künftig noch die erwartete Alltagsnähe im Amt leben können? Viele, die das Talent besäßen, eine gute Rolle im Gemeinwesen auszuüben, registrieren sehr genau, dass es anderswo leichter sein kann, die nötige Anerkennung fürs eigene Wirken zu bekommen als in der Sphäre der Politik. Wenn aber die Bestenauslese innerhalb der Parteien nicht mehr gut funktioniert, weil Begabte wegbleiben, bekommen in der Folge ausgerechnet diejenigen eine Bestätigung, die zuvor mit ihrer Politikverachtung diesen Prozess vorangetrieben haben. Anderswo kann es übrigens auch deutlich leichter sein, viel

Geld zu verdienen. Ein Gradmesser für die Geringschätzung von Politik ist daher auch die rituelle Empörung in der Öffentlichkeit über Diäten, als sei es geradezu obszön, Gewählte ordentlich dafür zu entschädigen, dass für sie für die Dauer ihres Mandats die Politik zum Beruf wird. Erfunden wurden Diäten übrigens bereits in der antiken Polis-Demokratie, ein genialer Schachzug seinerzeit, um die Macht des Adels zu brechen. Politik sollte nicht nur von Leuten betrieben werden, die sich das leisten konnten.

Die Demokratie benötigt darüber hinaus eine lebendige Parteienkonkurrenz mit öffentlich ausgetragenem Streit, der nicht ständig mit Herablassung betrachtet wird, als sei er lästig und überflüssig. Wer sich ein Ende des Streits wünscht, hat nicht verstanden, dass der Sinn der Veranstaltung nicht Harmonie ist, sondern eine friedliche Organisation des Dissenses. Das Kunststück der Demokratie besteht darin, einen guten Umgang mit dem Trennenden zu finden, nicht, es ein für alle Mal aufheben zu wollen, wie es sich autoritäre Kräfte wünschen. Und wer für den Moment im Meinungsstreit unterlegen ist, soll stets eine nächste Gelegenheit haben, für die eigene Position ein weiteres Mal zu werben. Es wird öffentlich gestritten, damit Wählerinnen und Wähler politisch urteilsfähig werden und wissen, was sie tun, wenn Alternativen zur Wahl stehen. Wo nicht mehr gestritten wird, herrscht die Friedhofsruhe diktatorischer Gesellschaften.

Idealerweise würden sich die beiden Säulen Zivilgesellschaft und Parteiendemokratie wie kommunizierende Röhren verhalten, die von unten in lebendigem Austausch miteinander verbunden sind. Man könnte beispielsweise eine politische Biografie im HöVi-Land oder in Wombach beginnen und dann in die andere Säule hinüberwechseln, wenn man den eigenen Wirkungskreis größer ziehen möchte. Umgekehrt sollte, wer in Wahlen Mandate errungen hat und nun stellvertretend für andere Macht ausübt, niemals den Kontakt zu denjenigen verlieren, die vor Ort Mikropolitik betreiben und mitunter auf klügere Lösungen kommen als die gewählte Politik. Ohne Reibung wird es nicht gehen, eine Konkurrenz der beiden Säulen ist vielerorts offenkundig und wird lokal sehr unterschiedlich gelebt, mitunter höchst produktiv, in anderen Fällen eher mit wechselseitigen Blockaden und Eifersüchteleien. Aber beide sollten voneinander wissen, dass sie jeweils unentbehrlich sind. Wenn Akteure aus der Zivilgesellschaft sich allerdings gar nicht mehr vorstellen können, dass man auch in Ämtern und Mandaten dem Gemeinwohl dienen kann, dass auch in Parteien Gemeinsinn produziert wird, erodiert sogar der bislang stabile Kern der Demokratie.

Überall dort, wo es als schick gilt, Parteien als lästiges Übel zu betrachten, wäre es an der Zeit, laut Einspruch zu erheben. Denn keine einzige Demokratie auf der Welt kommt ohne sie aus, Parteien sind elementar für einen rationalen politischen Diskurs. Was würde geschehen, wenn es die Parteien nicht mehr gäbe? Ganz einfach, wir hätten dann potenziell 84 Millionen Parteien in Deutschland, alle würden gleichzeitig über alles reden, denn es fehlten die Organisationen mit Machtanspruch, die bestimmte Themen und Werte gesellschaftlich nach vorne bringen wollen und dafür Kräfte sammeln, um Mehrheiten werben. Die Arbeit von Parteien dient dazu, dass politische Prioritäten gesetzt, wichtige Dinge von weniger wichtigen unterschieden werden. Anschließend liegt es am Souverän, dem Wahlvolk, eine Entscheidung darüber zu treffen, ob aktuell dem Klimawandel, dem Sozialstaat, der Steuerpolitik oder der Einwanderung die größte Aufmerksamkeit gewidmet werden soll. Wählerinnen und Wähler haben die Chance, an der eigenen Urteilsfähigkeit zu arbeiten, indem sie beobachten, wie bereits parteiintern um Programmatiken gerungen und gestritten wird. Auch solche Vorklärungen, die öffentlich ausgetragen werden, sind wichtig, damit nicht alle über alles reden müssen. Je mehr man an solchen Prozessen Anteil nimmt, desto merkwürdiger wird einem allerdings die Lieblingsfrage von Demoskopen vorkommen, wen aus der Politik man denn »sympathisch« finde. Denn hier wird der Unterschied zwischen privat und öffentlich verwischt. Man muss ja diejenigen nicht mögen, die man in der Erwartung wählt, dass sie anschließend das in den eigenen Augen Richtige tun werden. Die breite mediale Aufmerksamkeit für solcherart trivialisierte Meinungsumfragen gehört ebenfalls zu den Deformationsprozessen in der Demokratie, zumal sich Parteien unter

Druck sehen, Entscheidungen auf der Basis einer Demoskopie treffen zu müssen, die Sympathiepunkte vergibt. Ohnehin haben Parteien, wie bereits erwähnt, bei ihrer Aufgabe, geeignetes Personal für Ämter und Mandate in den eigenen Reihen ausfindig zu machen, zunehmend Mühe, weil es nicht mehr viele gibt, die bereit sind, sich dort zu engagieren. Seit 1990 hat sich die Gesamtzahl der Mitgliedschaften halbiert, obwohl mit der AfD eine weitere Partei hinzugekommen ist. Auch dies ist ein Anzeichen für Ermüdung, für Abwendung, für Rückzüge ins Private. Es ist ein Teufelskreis: Wenn nur wenige bereitstehen und Anteil nehmen, verkümmert die Versammlungs-Demokratie, entwickelt sich erst recht der Hinterzimmer-Charakter, den viele der Politik ohnehin vorwerfen, verstärkt sich zudem die Tendenz, dass das Politische medial immer personenzentrierter behandelt wird und das Programmatische zurücktritt. Den vielen Aktiven aus der Zivilgesellschaft möchte man daher zurufen: Überwindet die eigene Geringschätzung von Politik und Parteien, tragt die eigenen Erfahrungen mit Engagement in diesen Raum, in dem auch künftig die wichtigen Entscheidungen getroffen werden. Und wenn ihr euch hineintraut, dann am besten nicht allein. Denn es ist nicht unwahrscheinlich, dass man vor Ort in der Partei der eigenen Wahl auf festgefahrene Routinen trifft, die man wirkungsvoller mit einigen Mitstreitern infrage stellen kann.

Seit einigen Jahren kann auf viel Beifall hoffen, wer

mehr direkte Demokratie fordert (so wie übrigens auch die AfD). Neue Formen der Bürgerbeteiligung sollen im Ideal einem erschöpft wirkenden Politikbetrieb frischen Schwung verleihen. Hier lohnt es allerdings, genauer darauf zu schauen, ob mit solchen Forderungen die Arbeit der Parlamente gestärkt oder im Gegenteil delegitimiert werden soll. Rechtsextreme, die sich in Parlamente wählen lassen, nutzen ihre Mandate aller bisherigen Erfahrung nach nur dazu, um das Rednerpult als Drehort für Videoproduktionen in reißerischer Sprache zu nutzen. Durch konstruktive Mitarbeit in Ausschüssen sind sie bislang nicht aufgefallen, im Gegenteil, sie stellen permanent allein taktisch motivierte Anträge, um Sand ins Getriebe zu schütten. Sie schmähen im Parlament das Parlament selbst und stellen dem Prinzip der Repräsentation einen imaginierten Volkswillen entgegen, der sich am Ende von polarisierenden Kampagnen in Plebisziten wie dem Brexit Bahn brechen soll. Völlig anders sind dagegen die Vorstellungen von einer »Konsultative«, die das Element der öffentlichen Beratung ins Zentrum der demokratischen Meinungsbildung rücken möchte, ohne die repräsentative Demokratie, zu der es nirgends eine vernünftige Alternative gibt, aushöhlen zu wollen. Dieser Idee folgend könnte in manchen politischen Streitfragen, vor allem in jenen, die gern von der etablierten Politik in die Zukunft verschoben werden, weil sie unbequem sind, die »Weisheit der vielen« genutzt werden, um Entscheidungsblockaden aufzulösen.

Per Losverfahren rekrutierte Bürgerinnen und Bürger würden in Dialogformaten die Gesellschaft möglichst in Miniatur abbilden, sich dort in gemeinsamer Beratung, die alle möglichen Lösungsmodelle einbezieht, den nötigen Sachverstand verschaffen, um der gewählten Politik schließlich einen Vorschlag zu unterbreiten. Entschieden würde aber am Ende weiterhin im Parlament. Erste Erfahrungen mit solchen Bürgerräten ermutigen zu weiteren Experimenten. Ohnehin gilt ja, dass das Haus der Demokratie niemals fertig gebaut sein wird. Aber in einer Situation akuter Bedrohung sollte es zuallererst um ein sicheres Fundament gehen, um das nötige, bei vielen aber derzeit erschütterte, Vertrauen in Repräsentation und Parteiendemokratie, so ungemütlich es auch sein mag, dafür derzeit einzustehen.

Die Grenzen der Freiheit sind weit

Alle Menschen wollen frei sein, ein Problem ist immer nur die Freiheit der anderen. Die miterleben zu müssen, kann einen mitunter quälen. Aber in einer Gesellschaft der Verschiedenen existiert kein Recht, davon verschont zu werden, dass andere von ihren Freiheitsrechten ebenfalls Gebrauch machen. Im Gegenteil gibt es so etwas wie eine Duldungspflicht: Ohne die eigene Bereitschaft, ganz andere Überzeugungen und Lebensentwürfe aushalten zu wollen, besitzt man selbst nicht die nötige demokratische Reife, auf die eine offene Gesellschaft angewiesen ist. Daran zu arbeiten, ganz klassisch an der Tugend der Toleranz, steht derzeit offensichtlich an, denn es ist unverkennbar, dass das öffentliche Meinungsklima deutlich gelitten hat und bei nicht wenigen eine Neigung besteht, Freiheitsspielräume von anderen beschneiden zu wollen. Wer das möchte, ist immer in der Beweispflicht, dass im konkreten Fall gesetzliche Grenzen überschritten werden, es reicht nicht aus, sich auf die eigene Verletzlichkeit zu berufen, wenn etwas gesagt wird, das einem nicht passt. Im Gegenteil benötigt, wer am öffentlichen Diskurs teilnehmen möchte, ein bestimmtes Maß an Tapferkeit und Robustheit, auch harten Widerspruch ertragen zu wollen, was noch lange nicht heißt, dass die Hassrede erlaubt wäre. Mit Empfindsamkeit allein, die vor allem viele Jüngere aus der akademischen Welt gerne geltend machen, wenn sie auf strikten Sprachregeln bestehen und abweichende Haltungen schnell als »toxisch« oder »phobisch« abqualifizieren, werden die kommenden Meinungskämpfe ohnehin nicht zu bestehen sein. Da passt etwas nicht mehr zusammen: Hier eine Hyper-Sensibilität, die Diskursräume wattieren möchte und schon sogenannte »Mikro-Aggressionen« skandalisiert, dort eine Verrohung in der Sprache, die an finsterste Zeiten erinnert. Entscheidend wäre aber ein Raum dazwischen, der eine lebendige Streitkultur ermöglichen würde, in dem das ausgetragen wird, was auszutragen wäre. Das hieße aber, innerlich bereit zum Dialog zu sein. Vor diesem Hintergrund muss jeder alarmiert sein, dass im ARD-Deutschlandtrend jüngst zwei Drittel (!) der Befragten angegeben haben, man werde bei bestimmten Themen heute ausgegrenzt, wenn man seine Meinung sagt, und es ist nicht schwer zu erraten, welche Themen das sind. Genau jene nämlich, die in den Kulturkämpfen unserer Zeit von rechts und links identitätspolitisch permanent befeuert werden. (Wobei es eigentlich gar nicht links ist, Identitäten festzuzementieren. Rechte haben das schon immer getan. Aber das ist ein anderes Kapitel.) So kann eine Gesellschaft mit schroffer Ungleichheit ihren Kompass verlieren, wenn sie aus sozialen Fragen kulturelle macht. Jedenfalls ist es ein sehr schlechtes

Zeugnis für das Meinungsklima in einer Demokratie, wenn eine so deutliche Mehrheit meint, beim Sprechen besonders vorsichtig sein zu müssen, denn offene Gesellschaften verstehen sich selbst ja als lernende Gesellschaften und sind darauf angewiesen, dass Konflikte nicht unter den Teppich gekehrt werden. Deshalb ist es grundfalsch, wenn manche etwa meinen, bestimmte Probleme rund um den Komplex Einwanderung sollten lieber verschwiegen werden, weil andernfalls die AfD davon profitieren würde. Im digitalen Zeitalter ist der Wunsch nach strikter Diskurskontrolle ohnehin unerfüllbar, da Positionen, die ausgegrenzt werden, nicht einfach verschwinden, sondern sich nur in andere Diskursräume verlagern und dort womöglich erst recht radikalisieren. Man benötigt zudem nicht viel Fantasie, um sich vorzustellen, was mit Menschen geschieht, die sich in eine Spirale des Schweigens hineingezwungen sehen. Sie werden ihren Groll zu einem guten Teil in den Schutz der Wahlkabinen mitnehmen. Die AfD wiederum besitzt inzwischen ein großes Geschick darin, jede Gelegenheit rund um das sogenannte »Canceln« zu nutzen, um sich selbst als Opfer im Meinungskampf zu inszenieren, was angesichts ihrer permanenten eigenen Hasstiraden wirklich grotesk ist, und sich auf diese Weise den Grollenden anzudienen.

Vielleicht ist es an der Zeit, Freiheit noch einmal so radikal neu zu denken, wie es der Philosoph John Stuart Mill bereits vor hundertfünfzig Jahren getan hat. Er hat nämlich die Stirn gehabt, die Existenz falscher Meinungen, die heute viele gern zum Verstummen bringen möchten, ausdrücklich zu loben. Mill war davon überzeugt, dass falsche Meinungen gesellschaftlich sogar nützlich sein können, um die Wahrheitsfindung voranzutreiben, weil sie die richtige Meinung dazu zwingt, sich an ihnen zu bewähren. Sie muss prüfen, ob die falsche Meinung gänzlich falsch ist, oder ob nicht doch etwas Wahres an ihr dran ist. Wenn sich alle einig sind und nur noch eine Meinung existiert, man sich also kollektiv zu sicher ist, dann zieht Trägheit ein, meinte Mill und schlug deshalb sogar vor, notfalls jemanden dafür zu bezahlen, die falsche Meinung einzunehmen, wenn sich sonst niemand findet, der sie vertritt. Gewiss ein hohes Ideal von rationaler Kommunikation, eines, das sich auch in den Vorstellungen von einem herrschaftsfreien Diskurs bei Jürgen Habermas wiederfindet, die von der Zuversicht geprägt sind, dass alle am runden Tisch guten Willens sind, den jeweils anderen vorurteilsfrei zuzuhören, um dem besten Argument am Ende den Zuschlag zu geben. So läuft es leider nicht in den harten Diskursrealitäten des Alltags, die zu oft von hoher Emotionalität und entsprechend geringer Rationalität geprägt sind. Zumal ja inzwischen meist in getrennten Welten gestritten wird, ohne die Bereitschaft zu direkter Begegnung und offenem Zuhören der anderen Seite. Aber sich diesem Ideal zumindest anzunähern, sollte schon das Ziel bleiben. Wie zu streiten wäre, muss in unserer Gesellschaft neu verhandelt werden, die Antwort auf eine Bedrohung kann nicht sein, Diskursräume weiter verengen zu wollen, wie es zuletzt geschehen ist. Der Politikwissenschaftler Claus Leggewie hat vor einigen Jahren an eine historische Debatte in Cambridge im Jahr 1965 erinnert. Dort stritten der prominente schwarze Intellektuelle James Baldwin und eine damalige Leitfigur der Neuen Rechten, William F. Buckley jr., öffentlich miteinander über Rassismus. So etwas wäre heute undenkbar und würde wohl auch durch Proteste verhindert, falls es überhaupt eine Bereitschaft von zwei Protagonisten aus sehr verschiedenen Lagern gäbe, miteinander in den Ring zu steigen. Heute gilt es manchen schon als unerträglich, wenn Alice Schwarzer auftritt, und sie wollen nicht nur selbst nicht zuhören, sondern auch andere daran hindern. Wieder machen sich bei solchen Gelegenheiten die Faulheit und die Feigheit bemerkbar, man möchte sich lieber unter Gleichgesinnten in der eigenen Meinung bestätigen lassen. Aber das wird die falsche Meinung bestimmt nicht aus der Welt schaffen. Hilfreich könnte sein, sich klarzumachen, dass die falsche Meinung nicht aus dem Nichts entsteht, sonst hätte sie gar keine Chance, gesellschaftlich Gehör zu finden. Sie ist eine Antwort auf existierende Probleme, nur eben die falsche Antwort.

Meine persönliche Vermutung, warum diese Verengung dennoch über die Jahre Einzug gehalten hat, lautet so: Es herrscht zu viel Angst, den kleinen Trumps in unserem Land im Zweifelsfall nicht gewachsen zu sein.

Es fehlt auch an Übung, in solchen Situationen bestehen zu können. Aus den vielen Begegnungen, die ich erleben durfte, nachdem ich die »Zehn Regeln für Demokratie-Retter« geschrieben hatte, möchte ich drei herausgreifen, die vielleicht typisch sind für die derzeitige Unsicherheit im Umgang mit Rechtspopulismus.

Erstes Beispiel: eine Demokratie-Diskussion in einer Stadt in Westfalen, die in sehr ruhigen Bahnen verlief, bis zu dem Moment, als ein Mann aufstand und sich als Vorsitzender der örtlichen AfD zu erkennen gab. Man konnte spüren, wie ein ganzer Saal erschrocken nach Atem rang, noch bevor sein erstes Wort gesagt war. Er sprach davon, dass ein Geflüchteter in seiner Stadt ein junges Mädchen vergewaltigt habe (was tatsächlich der Wahrheit entsprach), verstrickte sich dann aber auf meine Nachfragen in Widersprüche, als er diese Tat auf sehr durchschaubare Weise falsch zu verallgemeinern versuchte. Hinterher kamen viele zu mir und berichteten von ihrer Erleichterung, die sie gespürt hätten, weil sie zum ersten Mal ein Gesicht zu sehen bekommen hätten zu der Partei, die sonst im Schutz der Dunkelheit ihre blauen Plakate besonders hoch an die Laternenpfähle hängt, und jetzt wüssten, dass sie dieses Kaliber nicht fürchten müssen. Die Existenz der falschen Meinung im Saal hatte dazu geführt, dass man sich seiner Sache sicherer war als zuvor. Die Angst flüstert einem aber gern das Gegenteil ein, dass die falsche Meinung eine solch suggestive Kraft besitzt, dass ein ganzer Saal plötzlich umkippen kann wie schlechtes Bier und fortan auch der falschen Meinung verfällt. Wer sich von einer solchen Angst leiten lässt, gibt bewusst oder unbewusst ein wichtiges demokratisches Prinzip auf, nämlich das Vertrauen, dass Menschen Urteilsfähigkeit besitzen und schlechte von guten Argumenten unterscheiden können. Zum Projekt Demokratie gehört zwingend dazu, dass man nicht nur sich selbst, sondern auch die anderen für prinzipiell mündig hält.

Zweites Beispiel: ein Abend in einer Gemeinde der reformierten Kirche in Wuppertal. Die Reformierten verstehen sich traditionell als sehr politisch, wollen sich aktiv einmischen, weshalb es dort auch lange üblich war, vor einer Wahl die konkurrierenden Parteien in die Gemeinde einzuladen und nach ihren Zielen zu befragen. Dort erfuhr ich dann aber, dass die Gemeinde inzwischen in einer Frage tief zerrissen war. Die einen wollten auch die AfD einladen und mit ihr streiten, die anderen wiesen dies empört zurück mit dem Hinweis, man »normalisiere« damit die Existenz dieser Partei. Weil eine Einigung unmöglich war, entschied man sich für die in meinen Augen schlechteste aller Lösungen: Der Abend vor der Wahl wurde ganz abgesagt. Ein Beispiel dafür, wie schnell Trittsicherheit und demokratisches Selbstbewusstsein verloren gehen können, wenn die Angst regiert.

Letztes Beispiel: ein Vormittag über Demokratie mit der Oberstufe einer Gesamtschule im Oberbergischen.

Draußen wies ein Schild darauf hin, dass man sich hier am Programm »Schule gegen Rassismus« beteiligt. Zu Beginn unserer Diskussion kam bei mir die Sorge auf, dass ich von den Schülerinnen und Schülern nur sozial Erwünschtes zu hören bekommen würde, da auch das Lehrpersonal mit im Saal saß, deshalb probierte ich es mit einer Provokation. Ich bezeichnete es als ein Problem, dass AfD-Sympathisanten häufig wie Menschen vom Mars behandelt würden, man habe zwar von ihnen gehört, kenne aber persönlich niemanden, und selbst zu erkennen gäben sie sich auch nicht. Ob sich denn hier im Saal jemand dazu bekennen würde, bei der nächsten Wahl vielleicht die AfD zu wählen. Nach einigem Zögern hob eine junge Frau den Arm und begründete ihre mögliche Wahlentscheidung damit, dass es ihr »zu viel« sei »mit den vielen Ausländern«. Lange Denkpause. Schließlich fügte sie hinzu: »So richtig habe ich mich damit noch nicht beschäftigt.« Sie gab zu verstehen, dass das ihr letztes Wort sei. Ein anderer Arm schnellte hoch. Er gehörte einer Mitschülerin, die sichtlich erregt war und sofort ihren eigenen Migrationshintergrund zur Sprache brachte. »Du grenzt mich aus. Du willst nicht, dass wir dazugehören. Du willst uns alle weghaben.« Empört kam sie auf die Menschheitsverbrechen des Nationalsozialismus zu sprechen und erhielt dafür einen donnernden Applaus in der Aula. So schnell geht Polarisierung. Giftige Blicke wurden gewechselt. Ich fragte, was dieser Applaus ausdrücken wolle. Ob ihre Mitschülerin nicht auch dann

Respekt verdient hätte, wenn man ihre Meinung für völlig falsch hält, weil sie nämlich den Mut besessen hat, sich zu melden? Und vor allem: Hatte sich die zornige Gegenrede tatsächlich auf das Gesagte bezogen, war es also legitim, die Mitschülerin in einen Zusammenhang mit NS-Verbrechen zu bringen? Was danach folgte, war eine der spannendsten Diskussionen, die ich in den vergangenen Jahren miterlebt habe. Sie drehte sich darum, wie wir lernen können, zivilisiert zu streiten, welche Tugenden nötig sind, damit Demokratie im Alltag funktioniert. Ein paar Tage später bekam ich eine Mail von einer Lehrerin. Sie berichtete, dass dieser hochemotionale Moment in der Aula hinterher noch lange nachgewirkt habe. Ihre Schüler hätten ihre Gedanken dazu zu Papier gebracht, die sie mir im Anhang schicke. Ein Satz aus dem Mail-Anhang blieb bei mir besonders haften: »Mir ist es im Nachhinein peinlich, dass ich so laut geklatscht habe.«

Über den Unterschied zwischen Gegnern und Feinden

Am ertragreichsten sind Diskussionen über Demokratie immer dann, wenn möglichst lange gar nicht über die AfD gesprochen wird, erst zum Ende hin, wenn es dann doch unumgänglich ist. Das eröffnet nämlich die Möglichkeit, intensiver gemeinsam darüber nachzudenken, was es auch im Praktischen heißen kann, *für* etwas zu sein. Welche Kraft sich dann entfalten kann, lehren die eingangs beschriebenen Beispiele von Selbstermächtigung in der Zivilgesellschaft. Die Fixierung auf ein bloßes Dagegen-Sein trägt im Falle der AfD obendrein das Risiko in sich, dass die Gefahr größer gezeichnet wird, als sie faktisch ist. Man kann sich auch selbst einschüchtern und somit lähmen, weshalb ich seinerzeit formuliert habe: Fürchte dich nicht vor rechten Scheinriesen. Aus der Nähe betrachtet schrumpfen sie unweigerlich, weil dann klarer wird, wie dürftig deren politisches Angebot ist. Seitdem ist aber im Negativen viel passiert, sodass ich unsicher bin, ob diese Formulierungen heute noch tragfähig wären. Ohnehin hätte ich genauer sein müssen: nicht rechte, sondern rechtsextreme Scheinriesen. Im Rückblick auf die Entwicklung der vergangenen

Jahre innerhalb der AfD würde ich von einem Zeitfenster verpasster Chancen sprechen. Es ist gesellschaftlich nicht gelungen, den nötigen Keil in diese Partei hineinzutreiben, der gemäßigt rechtskonservative Kräfte von Rechtsextremisten und Nazis deutlich getrennt hätte. Bis heute tummeln sie sich gemeinsam, dabei müssten Rechtskonservative täglich damit konfrontiert werden, dass sie sich entscheiden müssen, ob sie Rechtsextremist oder Demokrat sein wollen. Die Zeiten sind vorbei, in denen ein paar ältere, wertkonservative Herren die Illusion pflegen konnten, sie würden mit den Extremisten, die sich »der Flügel« nannten, schon fertig werden. Heute ist der alte Flügel die neue Mitte der Partei. Im Spektrum des europäischen Rechtspopulismus geht die AfD inzwischen einen bemerkenswerten Sonderweg. Während man sich beispielsweise in Italien oder Frankreich darum bemüht, durch rhetorische Mäßigung Anschluss an die gesellschaftliche Mitte zu finden, hat sich der deutsche Ableger über die Jahre immer weiter radikalisiert. Dass sich die Höcke-Fraktion innerhalb der AfD durchsetzen konnte, liegt nicht allein an ihrer Stärke, sondern auch an einem strategischen Fehler so mancher ihrer Gegner aus dem demokratischen Lager, der bis heute ständig aufs Neue begangen wird, nämlich sehr schnell Meinungen als »rechts« zu diskreditieren, die nicht dem gesellschaftlichen und auch medialen Mainstream entsprechen. Wenn man aber Menschen bereits aus dem Meinungskorridor hinausdrängt, weil sie beispielsweise gegen Abtreibung sind, Bedenken gegenüber einem politischen Islam äußern, Einwanderung begrenzen möchten oder die Hausfrauenehe verteidigen wollen, um nur einige der Reizthemen zu nennen, die gern reflexhaft mit »rechtem« Denken verknüpft werden, dann riskiert man nicht nur eine Verarmung des gesellschaftlichen Diskurses, der nun von lauter Tabus umstellt ist, sondern vor allem eine Verbitterung und Radikalisierung bei jenen, die sich zu Unrecht in Nazi-Nähe gerückt sehen. Den Radikalen um Björn Höcke ist sehr daran gelegen, den Unterschied zwischen rechts und rechtsextrem zu verwischen (wie übrigens auch am Ende der Weimarer Republik, was den Aufstieg der Nazis begünstigte, als aus Konservativen plötzlich Revolutionäre wurden). Warum tun demokratische Kräfte ihm fortgesetzt den Gefallen, sich daran zu beteiligen?

Ein gesellschaftliches Bündnis gegen die AfD, die inzwischen faktisch hochgefährlich ist, weil sie mehrheitlich rechtsextrem ist, inklusive wuchernder Deportationsfantasien, wird umso erfolgreicher sein, je breiter es aufgestellt ist. Das gelingt aber nicht, wenn das Etikett »rechts« für alles Mögliche herhalten muss, was einem nicht gefällt, und selbst CDU-Mitgliedern mit klarer Positionierung gegen die AfD mancherorts auf Demonstrationen das Gefühl vermittelt wird, hier nicht wirklich erwünscht zu sein. Wie sich eine solche gesellschaftliche Breite organisieren lässt, dazu später ein erfolgreiches lokales Beispiel. Zunächst muss es um die Frage gehen, wie der Keil beschaffen sein müsste, der diese Partei spalten kann und die Gemäßigten unter ihren Wählern zur Entscheidung zwingt, ob sie sich tatsächlich mit solchen Kräften gemein machen möchten, die den Umsturz wollen. Anders gefragt: Angenommen es stimmt, dass die Grenzen der Freiheit weit sein sollen, können sie dann ganz eng um die jeweils eigenen Überzeugungen herum liegen? Doch wohl nicht. Noch bei jeder Demokratie-Diskussion, die ich miterlebt habe, stand irgendwann die Frage im Raum, was genau jenseits dessen liegt, was eine offene Gesellschaft, und sei es zähneknirschend, hinnehmen muss. Gerade weil die Antwort darauf nicht leichtfällt, sollte die Grenzziehung nicht der Gedanke sein, der sich zuerst einstellt. Wenn man es mit einer Auffassung zu tun hat, die die eigene Fähigkeit zur Toleranz herausfordert, ist es vorher so wichtig, sich noch einmal klarzumachen, dass man sich selbst nicht aus der erwähnten grundsätzlichen Duldungspflicht entlassen kann, auch Haltungen tolerieren zu müssen, die einen quälen können. Immerzu wird man es in der Demokratie mit politischen Gegnern zu tun haben, sie werden nicht verschwinden, die Gegnerschaft in der Sache gehört zur Substanz der Demokratie. Niemals wird die Sehnsucht erfüllt, dass alle so denken mögen wie man selbst. Anders sieht es aus, wenn Gegnerschaft aktiv in Feindschaft verwandelt wird. Genau hier liegt die Grenze. Denn dann geht es nicht mehr nur um den harten Streit in der Sache, sondern der Konflikt zielt auf die ganze Person, die eine Sache vertritt. Wer seine Gegner zu Feinden macht, möchte sie politisch, im schlimmsten Fall sogar physisch vernichten. Zwei klassische Beispiele dafür hat der heutige »Ehrenvorsitzende« der AfD, Alexander Gauland, geliefert. Das eine, als er davon sprach, eine ihm missliebige SPD-Politikerin »nach Anatolien entsorgen« zu wollen, das andere, als er nach einer Bundestagswahl bezogen auf die künftige Regierung ankündigte: »Wir werden sie jagen!« Wer so spricht, ist politisch und kulturell verwildert und verdient nur eins: zivilisierte Verachtung. Das ist übrigens etwas anderes als Gegenhass oder gar physische Gewalt. Der israelische Psychoanalytiker Carlo Strenger hat zwei Bedingungen definiert, damit Verachtung zivilisiert sein kann: Sie muss auf Argumenten beruhen und sie muss sich gegen Meinungen und Werte richten, nicht gegen den Menschen, der sie vertritt. Also verachten, ohne zu hassen, das wäre die passende Antwort auf Konzepte von Verfeindung. Wer dagegen in den Gegenhass verfällt, entstellt sich selbst.

Solche Äußerungen wie die zitierten von Gauland sind jedenfalls geeignet, die eigene Beweispflicht zu erfüllen, wenn es um Begründungen geht, warum der Gesprächsabbruch nicht nur legitim, sondern mitunter geradezu zwingend ist. Wer so spricht, erklärt offen Feindschaft und verwirkt damit das Recht, weiterhin als Demokrat unter Demokraten gelten zu können, denn er zielt mit seiner Ablehnung auf die Integrität einer ganzen Person, das hat mit Gegnerschaft in der Sache nichts mehr zu tun. Ein anderes rohes Beispiel für fortgeschrittene Verfeindung in der Anhängerschaft der AfD zeigt sich auf einem Video, das in Thüringen bei einem Wahlkampfauftritt des Spitzenkandidaten Höcke in einer Halle in Sundhausen entstand: Dort sieht man, wie zwei Gegendemonstranten in stillem Protest lediglich eine Regenbogenfahne entrollen und es daraufhin mit einer aufgepeitschten Menge zu tun haben, aus der heraus die Beleidigung zu hören ist: »schwule Schweine«. Anschließend wurden die beiden unter Gejohle grob aus dem Saal geschubst. Ein erschreckendes Beispiel für Dialogverweigerung, die vom Hass zehrt. Wie gefährlich Hass wird, der zur Tat schreitet, haben inzwischen gewaltsame Übergriffe auf parteipolitisch Aktive in den jüngsten Wahlkämpfen gezeigt.

Aber nicht alle reden öffentlich so ungezügelt wie ein Gauland, und die AfD hat aus ihrer Sicht sicher gute Gründe dafür, warum bei ihren Treffen Presse und Öffentlichkeit zumeist ausgesperrt werden. Die derzeitigen Leitfiguren der Partei besitzen zudem ein taktisches Geschick darin, mit hoher rhetorischer Aggressivität Grauzonen des gerade eben noch Sagbaren zu besetzen und sich hin und wieder entweder in gespielter Naivität für Entgleisungen zu entschuldigen, wenn der Gegenwind zu stark wird, oder diese Entgleisungen gar zu bloßen »Missverständnissen« zu bagatellisieren. In Björn Höckes Buch wird die nur leicht verklausulierte Ankündigung künftiger Grausamkeiten gegenüber Migranten gar im hohen Ton der moralischen Zerknirschtheit dargeboten, als werde er Dinge tun müssen, die er eigentlich nicht wolle. Eine Rhetorik, die einem historisch bekannt vorkommen kann, weil bereits Heinrich Himmler davon Gebrauch gemacht hat.

Allerdings ist es ein (übrigens systematisch unlösbares) Problem in allen Demokratien, dass die Feinde der offenen Gesellschaft sich fast nie als solche offen bekennen, denn wer nennt sich selbst schon Anhänger der Idee einer Diktatur? Im Gegenteil, sie inszenieren sich in der Regel als wahre Demokraten und benötigen zunächst auch den Rahmen der Demokratie, um sie selbst später von innen heraus zerstören zu können. Aber auch das Wissen um solche Tarnkappenstrategien entlässt Demokraten nicht aus der mühsamen Pflicht, immer wieder auf den Einzelfall zu schauen, wenn Demokratiefeindlichkeit belegt werden soll. Und ein Gesprächsabbruch, also der Versuch der gesellschaftlichen Isolation einer falschen Meinung, ist noch einmal etwas völlig anderes als ihr Verbot. In einer freiheitlichen Gesellschaft gibt es keine schnellen Lösungen zur Einschränkung der Freiheiten anderer, andernfalls droht die Freiheit selbst Schaden zu nehmen. Ob es am Ende solch mühsamer Prozesse dann sinnvoll sein kann, mit einem Parteienverbot oder gar mit der Aberkennung von Bürgerrechten zu reagieren, wie es derzeit vielfach gefordert wird, ist dann nicht mehr primär eine moralische Frage, sondern eine der politischen Klugheit, welches Mittel am ehesten nützen könnte, um die Feinde einzuhegen. Verschwinden werden sie nicht. Wer aber bereits jetzt alle verloren gibt, die zurzeit und mit Blick auf kommende Wahlen der AfD zuneigen, und sie pauschal als Rechtsextreme betrachtet, gibt den Keil aus der Hand und sorgt mit dafür, dass der Pakt zwischen Rechtskonservativen und Rechtsextremen Bestand hat.

Nun gibt es die falsche Meinung nicht nur im Raum der Öffentlichkeit, sondern auch im Privaten. Oft bin ich gefragt worden, ob man denn mit einer Schwester oder mit einem Freund noch sprechen dürfe, wenn die zuvor ihre AfD-Sympathien bekundet hätten. Merkwürdig, hier von einem Dürfen zu sprechen, als ob es in solchen Fällen eine Pflicht zum Kontaktabbruch gäbe. Aus der Frage spricht häufig eine Not, und es ist dann meist die Rede von erlittenen Verwundungen bei zurückliegenden Zerwürfnissen. Meine Antwort ist, dass auch hier nur der Einzelfall entscheiden kann und immer nur man selbst. Allerdings kann es dabei hilfreich sein, sich den Unterschied zwischen privat und öffentlich vor Augen zu führen, denn in diesen beiden Sphären gelten unterschiedliche Regeln für die Kommunikation. Wenn öffentlich gestritten wird, geschieht dies nicht, um sein Gegenüber von der eigenen Position zu überzeugen. Wann hätte man auch je erlebt, dass ein Kontrahent ein Streitgespräch damit beendet hätte, die eigene Meinung mit dem Bekenntnis abzuräumen, man habe sich geirrt, die Gegenseite sei im Besitz der besseren Argumente? So ginge es nur in einer idealen Welt zu, aber leider niemals in unserer realen. Muss es aber auch nicht, denn der öffentliche Streit dient einem anderen Zweck. Er wird in Anwesenheit von Dritten ausgetragen, damit sie als Zeugen die Gelegenheit zur Schärfung der eigenen Urteilskraft bekommen. Ihretwegen wird überhaupt nur gestritten, sie müssen prüfen, welcher der beiden Kontrahenten die besseren Gründe vortragen konnte. Meinungen existieren ja viele, aber sie auch begründen zu können, ist die weit anspruchsvollere Übung. (Schade, dass es in Talkshows in der Regel weniger darum geht, sondern Gäste primär danach ausgewählt werden, wer welche Performance zu bieten verspricht. So wird aus Politik Unterhaltung.) Der öffentlich ausgetragene Streit als transparente Gegnerschaft in der Sache gehört zu einer lebendigen Demokratie, die auf das Vertrauen angewiesen ist, dass alle, die den Streit mitverfolgen, prinzipiell fähig zu einem mündigen Urteil sind. Wer den Meinungskorridor eng halten möchte oder gar cancelt, misstraut dagegen und hält sich selbst stets für klüger als das Publikum. Ob die beiden, die da öffentlich streiten, sich hinterher möglichst schnell aus dem Weg gehen werden oder noch zusammen ein Bier trinken, ist völlig unerheblich. Letzteres werfen Populisten ja inzwischen gern Politikern als Ausdruck von vermeintlicher Verlogenheit vor, als dürfe, wer im Bundestag hart miteinander gerungen hat, danach auf keinen

Fall freundlich zueinander sein, und als wäre eine Verfeindung geradezu Pflicht. Nein, das Private ist gar nicht immer politisch, die beiden Sphären sollten nicht verwechselt werden.

Im Privaten verhalten wir uns im Streitfall anders, und darauf muss geschaut werden, wenn es zu entscheiden gilt, ob die Auseinandersetzung mit Schwester oder Freund lohnt oder nicht. Jetzt geht es nicht mehr darum, vor Dritten mit den eigenen Argumenten bestehen zu können (es sei denn, man betrachtet die anderen am Esstisch als Publikum), jetzt geht es primär um die eigene Integrität. Deshalb wird es viel schwieriger sein, die Uneinigkeit in der Sache von der konkreten Person zu trennen, die sie vertritt, zumal mit der Person ganz gewiss Emotionen verknüpft sein werden. Nur im Einzelfall wird zu entscheiden sein, ob die Beziehungsebene einen harten und ehrlichen Gesinnungskampf halbwegs unbeschadet überstehen kann. Es bleibt ein anzustrebendes Ideal, dass man sich von Mensch zu Mensch begegnen kann, auch wenn man in der Sache unversöhnliche Positionen vertritt. Und schließlich dürfte entscheidend sein, ob es Gründe zur Zuversicht gibt, dass Schwester oder Freund für einen selbst noch erreichbar ist oder längst in Verhärtung oder gar Verfeindung gerutscht ist. Bei einem Onkel, der schon immer Nazi war, kann ein nächster Streit zutiefst sinnlos sein. Es gibt keine Pflicht, es zu probieren, und es gibt auch keine Pflicht, es nicht zu probieren. Aber wenn wir davon ausgehen, dass es häufig an Übung fehlt, mit der Existenz der falschen Meinung umzugehen, und auch an Begegnungen über kulturelle Blasen hinweg, warum nicht die eigene Umgebung als Probierfeld betrachten und fleißig trainieren? Das Zuhören und eine Gegenrede, die ohne Hass auskommt.

Die Macht der Zivilgesellschaft

Genau genommen entstammt die mir gestellte Frage, wie man es im Privaten mit der falschen Meinung halten soll, zumeist einer politischen Situation, in der ihre Existenz als große Ausnahme und deshalb auch als umso ungehöriger empfunden wird. Viele, die dies lesen werden, dürften in einem Umfeld leben, in dem Populismus im Alltag kaum vorkommt oder sich jedenfalls nicht offen artikuliert. Ganz anders die Situation dort, wo die AfD auf dem Sprung ist, womöglich sogar Mehrheiten zu erobern. Nehmen wir als Beispiel die Stadt Nordhausen in Thüringen, mit gut 40.000 Einwohnern jedenfalls insofern fast noch ein Dorf, als dort viele voneinander wissen, ob sie zu einer Höcke-Kundgebung gehen, sich eher dem Protest dagegen anschließen oder mit all dem nichts zu tun haben wollen. Man kennt sich, man beobachtet sich, und die meisten sind inzwischen vertraut mit der Erfahrung, sich auch im Privaten dazu verhalten zu müssen, dass es AfD-Sympathien ganz in der Nähe gibt. Die Weisheit des berühmten kommunikationstheoretischen Satzes von Paul Watzlawick, wonach man »nicht nicht kommunizieren« könne, muss man ihnen auch bezogen auf das Politische nicht erklären. Jede kommunikative Entscheidung hat Folgen für eine menschliche Beziehung, selbst das gezielte Beschweigen eines für beide Seiten heiklen Themas und erst recht der Gesprächsabbruch.

In Nordhausen hat es im Herbst 2023 einen tiefen Schockmoment für das demokratische Lager gegeben. Der AfD, die in Thüringen bekanntlich für den Verfassungsschutz als gesichert rechtsextrem gilt, war es gelungen, mit ihrem Kandidaten für die Oberbürgermeisterwahl nach dem ersten Wahlgang deutlich vorn zu liegen, ein endgültiger Triumph bei der Stichwahl zwei Wochen später schien den meisten in der Stadt nun fast sicher. Zwei Umstände hatten diesen Schockmoment begünstigt: Zum einen ein wenig überzeugender Amtsinhaber, dessen politisches Wirken in der Stadt hoch umstritten ist, der zudem darauf verzichtet hatte, einen aktiven Wahlkampf zu betreiben. Zum anderen die verbreitete Selbsttäuschung, dass eine AfD-Mehrheit schon nicht zustande käme. Im Nachhinein beschreibt der Kreis der Nordhäuser, die seitdem politisch hellwach und aktiv sind, diese Wahl als Ergebnis vorherigen kollektiven Schlafwandelns. Man wollte zuvor einfach nicht wahrhaben, dass das möglich schien, was später den großen Schock auslösen sollte. Umso beeindruckender dann aber, was danach geschah. Einer der Aktiven rechnete nach: Bis zur Stichwahl blieben nur 336 Stunden, um die politische Stimmung in der Stadt vielleicht doch noch drehen zu können. Dass es tatsächlich gelang, der AfD mit am Ende sogar deutlichem Vorsprung den sicher geglaubten Sieg zu nehmen, lässt die Aktiven bis heute über sich selbst staunen und ist ein ermutigendes Beispiel dafür, wie viel Leidenschaft für Demokratie sich auch unter hohem Zeitdruck entfalten kann. Fragt man rückblickend Zeugen des Momentums, das das bis heute wirkmächtige Bündnis »Nordhausen zusammen« hervorgebracht hat, bekommt man zunächst die Namen von zwei Menschen genannt, die nach dem ersten Wahlgang miteinander ein Gespräch in wohl verzweifelter Verfassung führten und sich schnell einig darin waren, angesichts der politischen Entwicklung in der Stadt nicht mehr nur tatenlos zuzuschauen. Wenige, die den Augenblick des von vielen gemeinsam erlebten Schocks nutzten, bewirkten auch hier viel. Die beiden zutiefst Besorgten luden bereits für den nächsten Abend zu einem Treffen ein, an dem etwa 40 Aktive aus der Nordhäuser Zivilgesellschaft teilnahmen. Sie machten sich sofort danach an die Arbeit. Nun lohnt es, genau zu schauen, was in Nordhausen in diesen entscheidenden zwei Wochen geschehen ist, damit der zunächst unwahrscheinlich erscheinende Erfolg des demokratischen Lagers doch noch möglich wurde, weil sich eine ähnliche politische Konstellation gewiss in naher Zukunft noch an manch anderen Orten in Deutschland einstellen dürfte. Die Erfahrungen der Nordhäuser könnten dann als Blaupause dienen.

An erster Stelle ist hier das Prinzip der Überparteilichkeit zu nennen. »Nordhausen zusammen« sollte ausschließlich eine lokale Bewegung aus der Zivilgesellschaft heraus sein. An dem besagten Abend war man sich einig darin, dass Mitglieder aus demokratischen Parteien zwar zur Mitwirkung eingeladen sind, aber immer nur als private Einzelpersonen, nicht als Repräsentanten ihrer Partei. Alle Symbole und Fahnen von Parteien waren bei öffentlichen Auftritten des Bündnisses ausdrücklich unerwünscht, keine hat es versucht, diese Bewegung für sich zu kapern. Die Entscheidung für strikte Überparteilichkeit hatte sicher nicht nur damit zu tun, dass das (aus historischen Gründen ohnehin nie tief verwurzelte) Vertrauen in Parteiendemokratie dort zuletzt arg gelitten hat, sondern sollte vor allem das Zeichen aussenden, dass es beim gemeinsamen Aufbäumen gegen die AfD im entscheidenden Moment um die Überwindung dessen geht, was bei anderen Gelegenheiten weltanschaulich trennen mag. Einer der Engagierten, der selbst eine lange Geschichte der Zugehörigkeit zur politischen Linken hat, hat es mir gegenüber so formuliert: Man muss nicht links sein, um gegen die AfD zu sein. So einfach und einleuchtend dieser Satz klingen mag, setzt er doch eine wichtige Grundhaltung voraus, die bei allen gegeben sein muss, die eine Bewegung möglichst breit aufstellen wollen. Sie müssen zu diesem Zweck politische Gegnerschaft hintanstellen, um Feindschaft abwehren zu können. Das gelingt derzeit beileibe nicht überall. Der Name des Bündnisses bringt den Wunsch nach Verbindendem bereits zum Ausdruck. (Übrigens hat bald darauf die Stichwahl im sächsischen Pirna, wo die AfD ebenfalls als gesichert rechtsextrem gilt, eindrucksvoll gezeigt, wie strategische Dummheit und störrisches Beharren auf den bekannten Mustern der Parteienkonkurrenz zur Basis für einen AfD-Triumph werden kann. Weil beide Kandidaten jeweils nicht willens waren, nach dem ersten Wahlgang aus dem Rennen zu gehen, nahmen sich eine CDU-Bewerberin und ein Vertreter der Freien Wähler gegenseitig die nötigen Stimmen weg, sodass der AfD-Kandidat mit nicht mal vierzig Prozent der Stimmen zum ersten Oberbürgermeister in Deutschland aus den Reihen der Rechtsextremen gewählt wurde.)

Unabdingbar für den Erfolg von »Nordhausen zusammen« war zweitens eine kluge Arbeitsteilung unter den Akteuren, sodass nicht alle für alles verantwortlich waren, zumal unter Zeitnot. Als Prinzip galt, salopp formuliert, lieber zu machen, anstatt fünf Mal zu überlegen. Sofort wurden Kleingruppen mit unterschiedlichen Arbeitsschwerpunkten gebildet, denn niemand hat zugleich das Talent, lokale Persönlichkeiten miteinander zu vernetzen, kreative Social-Media-Aktivitäten zu entfalten, ein großes Kulturfest zu organisieren, technisches Equipment zu beschaffen, um nur einige der Aufgaben zu nennen. Meine Frage, wie viele Engagierte nötig seien, um das politische Klima in einer Kleinstadt wie Nordhausen zu verändern, beantworteten Aktive unabhängig voneinander mit ähnlichen Größenordnungen. Mal hieß es etwa zehn, ein anderes Mal um die fünfzehn, mal wurden diese Personen aus dem engeren Kreis »Zugpferde« genannt, um die sich ein deutlich größerer »Schwarm« herum gruppiere, mal war von einigen die Rede, die »etwas mehr den Hut aufhatten« als die meisten ihrer Mitstreiter. Das sind interessante Bilder für Schlüsselpersonen, die in den Augen der anderen als unverzichtbar gelten, deren Wort viel Gewicht hat, obwohl sie in diesem Netzwerk niemals offiziell in eine Position hineingewählt worden sind. Ihre informelle Macht in diesem neu gebildeten Kreis aus Menschen, die sich in der Regel vorher bereits kannten, beruht auf Vertrauen und bei früheren Gelegenheiten erwiesener Zuverlässigkeit. (Übrigens, wenn hier nun zum wiederholten Mal in einer nicht abschätzigen Weise von Macht die Rede ist, dann in dem Sinne, dass sie der Gegenpol zur Ohnmacht ist, also der erstrebenswertere von beiden Zuständen. Macht ist vom Grunde her nichts Böses, sondern die Basis für politische Gestaltung. Allerdings kann sie in böser Weise ausgeübt werden.) Wieder entscheidet die Menschenkenntnis darüber, wer welche Rolle bekleidet. Gänzlich konfliktfrei ist es aber auch in Nordhausen nicht zugegangen, Reibung entsteht bis heute oft dann, wenn Hauptamtliche, die ihr Netzwerk und ihre Erfahrungen in einer zivilgesellschaftlichen Institution der Stadt einbringen, es mit den oft etwas ungeduldigeren Erwartungen von Privatpersonen zu tun haben, die nur für sich selbst sprechen und anfangs einen sehr ausgeprägten Willen mitbringen, ganz schnell ganz viel auf die Beine zu stellen. Ein starker Wille, der allerdings schnell ausbrennen kann, weshalb es so wichtig ist, ins eigene Engagement unterschiedliche Zeitrhythmen einzubauen, sich selbst auch Pausen zu gönnen. Diese Reibung ist ein typischer Konflikt in vielen ehrenamtlichen Strukturen, in denen Menschen mit sehr unterschiedlichen Vorstellungen darüber, was eine gute Organisation ausmacht, aufeinandertreffen. Allerdings entsteht aus dieser Reibung zuallererst etwas Produktives, die »revolutionäre Ungeduld« der privaten Antreiber zwingt die Organisations-Erfahreneren aus bestehenden Institutionen, die eigenen Routinen infrage zu stellen.

Ein dritter Faktor für den politischen Erfolg des Bündnisses war eine Social-Media-Kampagne auf der Höhe der Zeit, zumal die AfD ja bekanntlich große Stärken darin besitzt, diese Kanäle mit eigener Agitation zu fluten. Schnell war die Frage im Raum, wie attraktive Inhalte für Instagram, TikTok, Facebook und YouTube generiert werden können, denn es reicht ja nicht, einen offenen Brief ins Netz zu stellen und dann auf viele Unterschriften zu hoffen. Um die Reichweite der eigenen Kampagne zu steigern, setzte man hier auf Online-Botschaften von Prominenten. Sehr wirksam war zudem die Idee, Videos mit Persönlichkeiten der Stadtgesellschaft zu drehen, die gebeten wurden, jeweils kurze Passagen aus dem Grundgesetz vorzulesen, die mit dem eigenen Leben und der eigenen Arbeit zu tun haben. Die Alltagsnähe von Grundrechten erschließt sich beim Anschauen sofort. Wenn Menschen, die man kennt, in einer gesellschaftlichen Atmosphäre mit diffuser Angst auf diese Weise öffentlich Gesicht zeigen, hat dies hohe symbolische Bedeutung und ermutigt gewiss andere, ebenfalls deutlicher in ihrem Alltag Haltung zu zeigen.

Ein vierter Faktor betrifft die Grundhaltung innerhalb des Bündnisses selbst. Wer mit Akteuren in Nordhausen spricht, hört immer wieder Warnungen davor, gesellschaftliche Brücken zwischen den Lagern, so fragil sie derzeit auch sein mögen, gänzlich abzureißen. Es klingt wie eine Selbstverpflichtung zum Dialog, wenn beschworen wird, dass Menschen, die AfD wählen, deshalb noch lange nicht gefestigt rechtsextrem sein müssen. Und hier wird man es ja genauer wissen, weil die lokalen Verhältnisse übersichtlich sind. Man sucht in Nordhausen den Kontakt zu ihnen, auch wenn dies häufig nicht gelingt und die eigene offene Haltung mit Dialogverweigerung beantwortet wird. Man möchte den Unterschied herausarbeiten zwischen denen, die noch erreichbar, und den anderen, die so verhärtet sind, dass der Austausch sinnlos wäre. Wer diese Brücken betritt, die derzeit kaum noch tragen, muss wohl gut geübt darin sein, aufkommenden Gegenhass im Keim zu ersticken. Demokratie-Retter, die unter so schwierigen lokalen Gegebenheiten nicht kapitulieren, benötigen die innere Kraft und Beharrlichkeit eines Sisyphos, den Fels auch beim nächsten Versuch wieder den Berg hinaufrollen zu wollen. Momentan überlegt man in Nordhausen, an einem öffentlichen Ort symbolisch eine Bank aufzustellen, auf der Menschen mit sehr unterschiedlichen Überzeugungen Platz nehmen können. Gut möglich, dass die Bank leer bleibt. Gleichwohl ist die einladende Geste wichtig, weil sie der Demokratie-Idee entspricht.

Fünftens schließlich wäre der Wahlsieg wohl nicht gelungen, wenn es am Tag vor der Wahl nicht ein rauschendes Fest gegeben hätte. Nach zwei Wochen harter Arbeit mit sehr wenig Schlaf gelang es dem Bündnis, mehrere Tausend Menschen auf dem Rathausplatz zu versammeln, die miterleben konnten, dass in der Demokratie Ernst und Lebensfreude idealerweise zusammengehören.

Der Triumph am Tag darauf hat auch anderswo großes Aufsehen erregt, sodass die Nordhäuser seitdem regelmäßig um Rat gebeten wurden, was man gegen einen Rechtsruck in der eigenen Stadt tun könne. Inzwischen ist die Initiative aber an einem anderen Punkt angekommen. Ging es in den erwähnten beiden Wochen zwischen dem schockierenden ersten und dem berauschenden zweiten Wahlgang zunächst allein um demokratische Gefahrenabwehr, also um die deutliche Artikulation eines Dagegen-Seins, tritt nun bei der Schärfung des Selbstverständnisses für die eigene Arbeit immer mehr in den Vordergrund, wie dieses Dagegen-Sein in ein Für-etwas-Sein verwandelt werden kann. »Eine Bewegung im Suchen« hat einer der Beteiligten diesen Denkprozess mit noch offenem Ausgang bezeichnet. Für was stehen wir? Darauf gilt es nun eine Antwort zu finden, die erstens länger tragen soll als eine gemeinsam geteilte Empörung über einen rechtsradikalen OB-Kandidaten, und die zweitens die Breite des zivilgesellschaftlichen Bündnisses nicht gefährdet, denn dann wäre die gerade erst errungene politische Hegemonie in der Stadt schnell wieder dahin. Die Initiative ist bereit, auf die Langstrecke zu gehen, und muss nun klären, für welche lokalen Fragen sie sich künftig zuständig sieht. Man ist für gesellschaftlichen Zusammenhalt und kulturelle Vielfalt, solcherart Bekenntnisse allgemeiner Art fallen noch leicht. Aber heißt das dann auch, dass man künftig bei der Verkehrsplanung mitreden wird? Wie genau dekliniert sich dieses Für-etwas-Sein im demokratischen Alltag durch? Die Nordhäuser Initiative hat durch ihr Handeln faktisch basisdemokratisches Neuland betreten und ein auch demokratietheoretisch spannendes Versuchsfeld geschaffen. Sie ist in das Vakuum eingedrungen, das zuvor durch die Schwäche der etablierten Politik entstanden war, die immer eine Voraussetzung dafür ist, dass rechtsextreme Kräfte ihre Chance bekommen. Hier lässt sich beobachten, wie durch eine Neuaufstellung der lokalen politischen Landschaft in kurzer Zeit Macht verschoben werden kann. Die Schlüsselpersonen aus der Zivilgesellschaft haben ihren Wirkungskreis über das hinaus vergrößert, wofür sie bereits vorher öffentlich anerkannt waren, und sind nun ein Einflussfaktor in der Stadt, an dem vorbei Politik nicht mehr betrieben werden kann. Denn sie haben ja bewiesen, wie viele Menschen sie mobilisieren können. Ihre neu erworbene Macht ist buchstäblich Produkt eigener Selbstermächtigung. Deshalb ist es nur konsequent, dass einige von ihnen bereit sind, den nächsten Schritt zu gehen: Ihre Namen finden sich nun auf den Wahllisten konkurrierender demokratischer Parteien. Ihnen wird dadurch allerdings ein Balanceakt bevorstehen, denn sie werden sich im Bündnis bezüglich ihrer Parteifarbe zurücknehmen müssen, damit das so wichtige Prinzip der Überparteilichkeit nicht gefährdet wird. Im Gegenzug beleben sie mit ihrer Erfahrung von unten aber die repräsentative Politik in der Stadt. Letztere wird auch künftig der zentrale Ort für Gestaltungsmacht sein. Denn die hundert Millionen Euro des städtischen Etats werden im Rathaus verteilt und nicht auf der Straße. Noch einmal: Die Demokratie ist darauf angewiesen, dass die beiden tragenden Säulen Zivilgesellschaft und gewählte Politik von unten miteinander verbunden sind wie kommunizierende Röhren. Dazu werden Persönlichkeiten benötigt, die für diesen lebendigen Austausch stehen und sorgen.

Utopien haben Zeit bis morgen

Es kann eine irritierende Erfahrung sein, sich selbst dabei zu beobachten, wie man von der Seite der Veränderung auf die der Bewahrung wechselt. Statt gesellschaftliche Verhältnisse einreißen zu wollen, schleppt man plötzlich Sandsäcke, um die drohende Flut abzuwehren. Man kann es sich nicht aussuchen, in welche Zeit und in welche Aufgabenstellung man hineingeworfen wird, dies ist primär der Moment zur Verteidigung des Erreichten. Unsere Aufgabe besteht darin, sich dem globalen Trend zur Erosion der Demokratie als Lebensform entgegenzustemmen. Eine Zeit lang muss vor allem auf Abwehr gespielt werden, denn das Momentum liegt bei den Kräften, die das Autoritäre verkörpern. Vor sieben Jahren habe ich es so formuliert: Verabschiede dich von der Attitüde, eigentlich gegen diese Gesellschaft zu sein. Es ist auch heute eine leichte Übung, ihr den Spiegel vorzuhalten und lauter Defizite aufzuzählen. Dies bleibt auch wichtig, zumal hier die Wurzel für den Erfolg rechtspopulistischer Bewegungen zu suchen ist. Sie kommen nicht vom Mars, sondern docken emotional dort an, wo die Problemlösung der etablierten Politik nicht gut funktioniert oder Ungerechtigkeiten unbearbeitet bleiben. Wie dumm wäre es, sich darin einzurichten, dass es halt drei Monate dauert, bis man einen Termin auf dem Bürgeramt bekommt, oder dass es als normal gilt, wenn ein DAX-Vorstand das Zweihundertfünfzigfache des Durchschnittseinkommens seiner eigenen Belegschaft »verdient«? Und dennoch bleibt es dabei, dass wir im historischen Maßstab betrachtet in der besten aller bisherigen Welten leben. (Ob es künftig noch bessere geben wird, dürfen wir zwar erhoffen, steht aber derzeit zumindest infrage, weil es riskant wäre, weiterhin auf historischen Fortschritt zu wetten.) Zudem besitzen wir mit der Demokratie ein politisches Modell, das grundsätzlich fehlerfreundlich ist, also die Fähigkeit zur Selbstkorrektur besitzt. Schlechte Politik kann abgewählt werden, ohne dass Blut fließen muss oder Menschen eingekerkert werden. Diese historischen Errungenschaften sind wahrlich keine Kleinigkeiten, deshalb gibt es keinen Grund, ein Ja zu dieser Gesellschaftsform nicht laut und vernehmlich zu formulieren. Die Gesellschaft des Grundgesetzes hätte täglich eine Liebeserklärung verdient, weil sich unsere Vorfahren vermutlich nie hätten träumen lassen, dass ein Zusammenleben mit so vielen Freiheitsrechten und so wenigen Pflichten tatsächlich funktionieren kann. Allerdings hat es die Demokratie im digitalen Zeitalter zunehmend schwerer, sich gegen einen wuchernden Ungeist des »Sofortismus« zu behaupten. Ungeduldige wünschen sich von der Politik ähnlich schnelle Ergebnisse wie bei einer Suche im Netz. Es fehlt an Wissen über das Betriebssystem der Demokratie, das Zeit dafür benötigt, möglichst kluge Kompromisse zu finden und sehr verschiedene Interessen auszutarieren. Diese eingebaute Langsamkeit steht quer zur medial befeuerten Hektik, die immer gleich Ergebnisse sehen will und jedes Zögern als Schwäche wertet. Dabei gehört es zur politischen Klugheit, Aufgeregtheiten auch abklingen zu lassen, anstatt entschlossenes Handeln durch Basta-Rhetorik bloß zu simulieren. Wer Demokratie will, muss warten können. Andernfalls hätten wir eine Politik, die nur nach momentanen Stimmungen regiert und sich niemals das Unpopuläre zutraut, das mitunter aber getan werden muss. Unsere oftmals strapazierte Geduld ist der Preis dafür, dass wir in einer freiheitlichen Gesellschaft der Verschiedenen leben können, in der Minderheiten nicht von Mehrheiten erdrückt werden, sondern im klugen Kompromiss auch ihren Teil vom Kuchen bekommen. Auf dem Höhepunkt der Pandemie war zu besichtigen, wohin der Ungeist des »Sofortismus« führen kann. Bestürzend viele waren plötzlich allen Ernstes davon überzeugt, dass autoritäre Gesellschaften wie China zu rascheren und besseren Problemlösungen fähig seien als Demokratien. Die Konkurrenz der Systeme wurde nun mit Ingenieursblick betrachtet, wer wohl das schnellere Räderwerk besitzt. So rasch kann das Vertrauen in die eigene Lebensform verloren gehen, wenn die Angst regiert.

Es gibt aber noch eine weitere Form der Ungeduld, mit der ich es in vielen Demokratie-Diskussionen zu tun hatte. Sie besteht in dem Wunsch, der derzeit vorherrschenden Krisenwahrnehmung dadurch mental zu entkommen, dass man vom großen Sprung nach vorn träumt. Oft habe ich den Satz gehört: Wir brauchen wieder Utopien. Gesucht wird nach einer großen Erzählung, die die gegenwärtige Düsternis überwinden soll. Dabei wird vergessen, dass so manche große Erzählung aus der Vergangenheit ins Desaster geführt hat. Nationalsozialismus und Stalinismus sind Beispiele dafür, wie aus utopischen Fantasien Gewaltorgien werden konnten. Dennoch ist der Wunsch verständlich, über unsere Gegenwart mit all ihren Krisenphänomenen hinaus denken zu wollen, allerdings kommt er zur Unzeit. Wenn Utopien nämlich mehr sein wollen als individuelle Fantasien, benötigen sie gewissermaßen einen Sitz im Leben. Erst dann können sie eine große Zahl von Menschen beflügeln und die Verhältnisse zum Tanzen bringen. Eine Gesellschaft muss reif dafür sein, das zu verwirklichen, was die Utopie zunächst nur erträumt. Aus diesem Grund hat der heute kaum noch gelesene Utopist Ernst Bloch auch von konkreten Utopien gesprochen. Ihn interessierten Utopien, die sozialen Bewegungen Flügel verleihen können, Visionen mit der nötigen Bodenhaftung, die der gesellschaftlichen Realität nicht allzu weit voraus sein dürfen, weil sie sonst im luftleeren Raum landen. Wenn es aber stimmt, dass wir gerade eine Zeit tiefer Umbrüche erleben, in der Gewohntes rasch entwertet wird, das Neue aber noch keine klaren Konturen besitzt, also ganz viel Desorientierung herrscht, läuft der Wunsch ins Leere, schon jetzt, während man noch mitten im Fluss feststeckt, das rettende Ufer beschreiben zu wollen. Mit den Utopien verhält es sich wie mit Früchten auf Bäumen. Es gibt fette und es gibt magere Jahre, und unsere Gegenwart ist halt eine, in der wir schon genug damit zu tun haben, eine Fixierung aufs Dystopische zu vermeiden. Endzeiterwartungen setzen nichts in Bewegung, sondern lähmen. Für den Moment gilt es innerlich zu akzeptieren, dass es noch keine guten Antworten auf die großen Herausforderungen unserer Zeit gibt, vielleicht noch gar nicht geben kann. Wir wissen nicht, ob und wie sich große Verwerfungen durch den Klimawandel vermeiden lassen, wir können für den Moment nur mit lauter kleinen Zwischenlösungen experimentieren. Wir wissen nicht, wie Wohlstandsgesellschaften mit großen Migrationsbewegungen dauerhaft so umgehen können, dass sie weder unmenschlich werden noch sich selbst überfordern. Wir wissen nicht, auf welche Weise Künstliche Intelligenz sehr bald Gesellschaften umpflügen wird, nicht mal ihre Schöpfer kennen die Richtung. Wir wissen auch nicht, wie eine kapitalistische Ökonomie, die bislang auf Wachstum angewiesen ist, um nicht unterzugehen, entweder doch auf einen Nachhaltigkeitspfad gebracht oder unblutig abgeschafft und durch etwas Besseres ersetzt werden kann. Aber dieses Nichtwissen bedeutet nicht, nichts tun zu können. Zudem hat die Menschheit in der Vergangenheit häufig bewiesen, dass

Krisen die Lernfähigkeit unserer Gattung gestärkt haben. Wie oft habe ich in Demokratie-Diskussionen den Einwand zu hören bekommen, dass lokales Engagement vor dem Hintergrund globaler Krisen völlig unbedeutend sei, an den Zuständen dieser Welt nichts ändern würde und man deshalb vor allem anderen erst mal den Kapitalismus abschaffen müsse. Wer sich in der Haltung einrichtet, dass es erst den großen Wurf geben müsse, bevor man selbst etwas tun könne, füttert die eigene Ohnmacht. Gesucht wird für unsere Zeit also eher eine Denkweise zwischen Dystopie und Utopie, damit man selbst ins Handeln kommt. Eine Denkweise, die von der Hoffnung getragen ist, dass ein erster Schritt allemal besser ist als der Stillstand, und wenn er erst getan ist, sich unterwegs eine Idee für die nächsten Schritte einstellen wird. Auch so kann man zu einer Richtung finden.

Vielleicht wird Hoffnung ohnehin zu einem Schlüsselbegriff für die nächste Zeit. Wir benötigen ja dringend ein Gegengift zum herrschenden Pessimismus, der lähmt und ungewollt das Schlimme herbeizuführen hilft, mit dem er stets rechnet. Umgekehrt gibt es derzeit keinen Grund, optimistisch zu sein, denn fest mit einem guten Ausgang zu rechnen, hätte etwas von Ignoranz angesichts der derzeitigen Bedrohungen. Die Hoffnung aber rechnet nicht. Der Erfolg ist nicht bereits eingepreist. Die Hoffnung weiß um ihr mögliches Scheitern. Sie lässt sich nur nicht die Zuversicht abhandeln, dass manches doch besser ausgehen könnte als befürchtet.

Nicht mal nach Niederlagen steckt sie auf, weil sie darauf setzt, dass es eine nächste Gelegenheit geben wird. »Sofortisten« fehlt die dafür nötige Geduld. Eingangs war bereits vom Aufklärer Immanuel Kant die Rede, der die Faulheit und Feigheit als Quellen bequemer Unmündigkeit ausgemacht hatte. Bei ihm lässt sich auch etwas über die Bedeutung von Hoffnung lernen. Eine der vier großen Fragen der Philosophie lautet bei Kant so: »Was darf ich hoffen?« Man stolpert darüber, warum hier wohl von einem Dürfen die Rede ist, ob nicht jeder hoffen können soll, wie er will. Kant wollte vermeiden, dass das Hoffen völlig unvernünftig wird. Man könnte momentan zum Beispiel darauf hoffen, dass die Feinde der Demokratie sich untereinander so zerstreiten, dass sie auf diese Weise politisch von der Bildfläche verschwinden und die Gefahr beseitigt wäre. Man könnte überhaupt darauf hoffen, dass man sein bisheriges Leben einfach so weiterleben kann, als wäre nichts. Aber eine solche Hoffnung wäre dumm. Ich muss etwas dafür tun, um hoffen zu dürfen. Wenn ich das Nötige getan habe (und das ist bei Kant immer das Vernünftige), dann darf ich auch hoffen, obwohl der Erfolg nicht garantiert ist. Der Unterschied ist, dass es dann erst gute Gründe gibt zu hoffen, und ich habe sie selbst geschaffen. Also keine Hoffnung ohne eigenes Handeln. Oder läuft es andersherum, und die Hoffnung ist die Bedingung dafür, überhaupt ins Handeln zu kommen, weil wir im Zustand der Verzweiflung und Resignation passiv blieben? Vermutlich stimmt beides, und die Hoffnung ist mit dem Handeln so eng verschwistert, wie es die Faulheit und die Feigheit miteinander sind. Tun wir also das Nötige, um wieder hoffen zu dürfen, und hoffen wir, dass wir vielleicht eines Tages auch wieder von einer Welt träumen werden, die noch besser ist als die jetzige.

Literaturhinweise

Brunnhuber, Stefan: Die offene Gesellschaft. Ein Plädoyer für Freiheit und Ordnung im 21. Jahrhundert

Bude, Heinz: Solidarität. Die Zukunft einer große Idee

Dierksmeier, Claus: Qualitative Freiheit. Selbstbestimmung in weltbürgerlicher Verantwortung

Forschungsinstitut Gesellschaftlicher Zusammenhalt: Entkoppelte Lebenswelten? Erster Zusammenhaltsbericht des FGZ untersucht die Zusammensetzung sozialer Bekanntenkreise in Deutschland

Frick, Marie-Luisa: Zivilisiert streiten. Zur Ethik der politischen Gegnerschaft

Gerhardt, Volker: Individuum und Menschheit. Eine Philosophie der Demokratie

Mounk, Yascha: Im Zeitalter der Identität. Der Aufstieg einer gefährlichen Idee

Nanz, Patrizia/Leggewie, Claus: Die Konsultative. Mehr Demokratie durch Bürgerbeteiligung

Strenger, Carlo: Zivilisierte Verachtung. Eine Anleitung zur Verteidigung unserer Freiheit

Inhalt

Weitere Titel von Jürgen Wiebicke bei Kiepenheuer & Witsch

Kiepenheuer & Witsch

Leseproben und mehr unter www.kiwi-verlag.de

»Ein kluges, trauriges und doch auch sehr tröstliches Buch.« *Kölnische Rundschau*

Was wissen wir wirklich über das Leben unserer Eltern, der Kriegskinder? Wann ist der richtige Zeitpunkt, um zum Archäologen des eigenen Lebens zu werden und die Eltern zu befragen? Jürgen Wiebicke folgt den Berichten seines Vaters und vor allem seiner Mutter, die, konfrontiert mit dem Tod, von einer radikalen Offenheit getrieben sind und ihre Erlebnisse nicht mehr für sich behalten wollen.

Kiepenheuer
& Witsch

Leseproben und mehr unter www.kiwi-verlag.de